니팅 완전정복 클래스

Level UP!
대바늘뜨기 베스트

니팅 완전정복 클래스
Level UP! 대바늘뜨기 베스트

지인보그스쿨 지음

BM (주)도서출판 성안당

Contents

Prologue

Collections

드롭숄더 심플 탑
068

래글런라인 스퀘어넥 재킷
076

Level ★★

스파게티 스트랩 탑
086

아메리칸 암홀넥 베스트 _ 철길 위에서
094

슬래시트넥 베스트 _ 수평선
102

Level ★★★

라운드넥 베스트 _ 슈즈드로잉
114

보트넥 탑
132

브이넥 드롭숄더 베스트
146

라운드넥 베스트 _ 봄비
156

Level ★★★★

라운드넥 오픈 베스트
168

숄칼라 오픈 베스트
176

보트넥 롱 베스트
188

**라운드넥 베스트
_파도의 노래**
196

Level ★★★★★

하이넥 오픈 베스트
212

스탠드 칼라 집업 재킷
222

**와이넥 오픈 베스트
_하얀나무**
230

Prologue

가브리엘 샤넬의 "패션은 사라지지만 스타일은 영원하다"는 말처럼, 패션은 변하기 쉬운 트렌드와 디자인이지만 스타일은 개인의 독특한 표현입니다.

핸드니팅은 조용히 힐링 되는 취미생활이며, 창작의 본능을 깨워줍니다.
그리고 도안을 찾고 뜨는 과정은 나만의 시간여행이 되고, 그 안에서 당신은 나만의 모습과 스타일을 찾게 될 것입니다.

이 여행에는 선행자가 있습니다. 그 발자취가 바로 도안입니다. 도안은 선행자가 남겨놓은 여행의 지도와 같습니다. 그 안에는 털실과의 만남과 고요한 시간이 있습니다. 실이 손을 스쳐 가는 촉감은 나만 아는 잔잔한 위로이며, 바늘의 작은 움직임은 다음의 길을 만들어가는 내일의 설렘입니다. 그리고 한 단, 한 단 만들어가는 나의 성실함이 있습니다.

핸드니팅은 자신만의 스타일을 보여주는 매력적인 아이템입니다.
유행에 구애받지 않고, 시간을 초월하는 크리에이티브한 스타일을 완성시킵니다. 실을 엮어 형태를 만들어가는 핸드니팅은 다양한 소재와 색상, 패턴을 조합할 수 있으며, 즉각적인 변화도 만들 수 있습니다. 틀린 부분을 고칠 수도 있고, 색상을 바꿀 수도 있습니다. 그러므로 자신의 선택과 취향에 따라 니팅을 할 수 있습니다.

지금 시대는 풍요로움과 기술의 발전으로 편리한 도구들이 많이 등장했습니다. 그러나 독특함은 여전히 개인의 선택과 독창성에 달려있습니다. 나만의 스타일을 찾기 위해서는 자신을 살피고 이해하는 시간이 필요합니다. 자신을 알고 이해하는 시간을 가지고, 좋아하는 것을 찾아내고, 그것을 자신에게 가져다주는 모든 과정은 행복해지는 방법이기도 합니다.

이 책은 핸드니팅을 통해 자신만의 스타일을 찾는 방법을 안내하고 있습니다.
이 책의 작품 제작 과정을 따라가면 자신에 대한 이해와 창작의 즐거움을 느끼실 수 있을 것입니다.
이 과정에서 당신은 작품을 만드는 즐거움뿐만 아니라 그 과정 자체를 일종의 여행으로 느끼며 기록하게 될 것입니다.

핸드니팅으로 바라보는 또 하나의 나! 그 안에서 찾은 나의 모습.
당신의 스타일과 당신의 시그니처를 찾는 여정에 초대합니다.

지은이 김영희, 장산 장우천

76p
Raglan Line Square-Neck Jacket

146p
V-Neck Dropped Shoulder Vest

102p
Slashed-Neck Vest

114p
Round-Neck Vest

132p
Body Fit Boat-Neck Top

156p
Yoke Round-Neck Vest

86p
Spaghetti-Strap Top

168p
Pastel-Tone Open Vest

196p
Tone-on-Tone Round-Neck Vest

188p
Stripe Long Vest

176p
Shawl-Collar Open Vest

212p
High-Neck Open Vest

222p
Stand-Collar Zip-Up Jacket

68p
Dropped Shoulder Simple Top

94p
American Armhole-Neck Vest

230p
Y-Neck Open Vest

what to make?

도구 · 게이지 확인 · 전개도 · 시작코 확인 · 탑다운

핸드니팅의 워밍업 단계이다.
먼저 핸드니팅을 하기 위해 필요한 도구와
사용되는 용어를 살펴보자.
편리한 도구를 준비하고 사용법을 익히면,
보다 합리적인 니팅을 즐길 수 있다.
기존에 니팅을 즐기는 분이라도,
이 책에서 사용하는 용어를 다시 정리해 보면
책을 활용하는 데 효과적이다.
그리고 핸드니팅 기초 중의 기초인 코만들기와 뜨기를 익히고
그 바탕 위에 베스트를 만들어 보자.
부담 없이 기초 기법을 연습할 수 있도록 구성하였다.

워밍업 & 기초 단계

도안 보고 뜨기 75% 완성

Level

Making a vest!

핸드니팅 Q & A

Q. 손뜨개로 목도리, 모자는 만들어 보았는데 이제 옷을 만들려고 해요. 어떻게 해야 하나요?

먼저 옷을 만들기 위한 기초 뜨기법을 익혀주세요. 목도리, 모자를 만드셨다면 코만들기, 겉뜨기, 안뜨기, 덮어씌우기와 같은 뜨기법은 알 거예요. 옷 만들기에 필요한 덮어씌워잇기, 옆선 꿰매기, 코줍기, 실물본을 사용하여 스티밍 등을 익혀봅시다. 무늬는 메리야스뜨기, 가터뜨기를 권합니다. 123쪽에 도안을 보면서 만드는 영상이 준비되어 있습니다.

Q. 도안 사이즈를 확인했는데 제 사이즈보다 작아요.

베스트의 사이즈를 바꾸는 방법은 두 가지가 있습니다. 실의 굵기가 같다는 것을 전제로 바늘의 크기를 조절하는 방법과 가슴둘레와 옷길이의 사이즈만큼 코단을 줄이거나 늘리는 방법입니다. 밑단부터 위로 뜨는 바텀업 방식은 시작 콧수를 원하는 가슴둘레 크기만큼 증가시켜 시작합니다. 진동둘레의 줄이는 콧수는 그대로 사용합니다. 목둘레부터 아래로 뜨는 탑다운 방식이라면 앞과 뒤를 연결할 때 옆면의 콧수를 조절할 수 있습니다. 그 방법은 142쪽에 소개되어 있습니다. 밑단에서 진동둘레까지의 길이를 바꿔 길이도 조절할 수 있습니다. 더 디테일한 변화를 주려면, 좀 더 연구가 필요하므로 니트 제도, 코단의 재단 방법을 전문적으로 학습하시기를 권합니다.

Q. 쓰다 남은 실이 있는데 활용하고 싶어요.

먼저 실의 굵기를 구분해 주세요. 도안의 실 굵기, 게이지가 같아야 도안 활용이 보다 용이합니다. 자투리 실은 부분부분 줄무늬 배색으로 활용할 수 있고 밑단, 목둘레, 진동둘레 등에도 사용할 수 있습니다. (194쪽 참고)

Q. 작품집의 디자인은 좋지만 색상을 조금 바꾸고 싶어요. 그런데 색상 고르기가 어려워요.

우선 같은 계열의 색상으로 구분해 주세요. 색상 변화를 테스트해 보도록 스케치를 첨부해 두었습니다. 색연필로 그 조화를 미리 확인해 보세요. (208쪽 참고)

Q. 목둘레를 변형하고 싶은데 어떻게 하나요?

이 책에서는 다양한 넥라인을 제안했습니다. 간단한 변형은 코와 단의 변화가 없는 부분을 줄이거나 늘릴 수 있습니다만, 완성도를 고려한다면 제도, 코단 산출에 대해 학습하시기를 권합니다.

Q. 어떤 것을 뜨면 예쁠까요?

옷은 입고 활용하는 실용품입니다. 체형에 맞고 색감도 좋아야겠죠. 그 예를 A와 B의 이야기로 들어볼게요.

A는 모처럼 받은 보너스로 신상 베스트를 사려고 합니다. 간절기에 입을 단정해 보이는 베스트가 필요합니다. 원하는 디자인은 없었지만 새로 론칭한 브랜드가 있어 해당 숍을 찾아갔습니다. 베스트를 모아놓은 매대에서 이리저리 색상과 디자인을 고민하고 있습니다. 최근에 TV나 잡지에서 드롭숄더 디자인이 눈에 많이 띄는 것 같아 자신도 그런 디자인을 고릅니다. 좋아하는 색상이 있네요. 본인의 체형에 맞는 듯한 상품 하나를 골라 피팅룸으로 들어가 입어 봅니다. 적절하게 여유가 있네요. 핏(fit)하지도 박시(boxy)하지도 않은 여유입니다. 이 베스트에 맞춰서 입을 옷들도 생각했습니다. 가격대가 조금 높지만 오랜만에 보너스를 받았으니까 이번에 자신에 대한 격려 차원으로 구매를 결정했습니다. 구매해서 나오는 발걸음은 산뜻합니다.

어쩐지 익숙한 듯한 행동 아닌가요? 여러분도 이런 경험 해본 적 있으시죠?

이제 또 다른 B의 이야기입니다. B는 핸드니팅이 취미입니다. 여가 시간을 즐겁게 보내면서 실용적인 베스트를 만들려고 합니다. A와 B는 원하는 드롭숄더 베스트를 갖고 싶은 마음은 같습니다. 둘의 길은 전혀 다른 길이 아닙니다. 완성품을 사는 것과 내가 완성품을 만든다는 것이 다를 뿐입니다. 특히, B의 길은 시간과 함께 완성되는 낯선 길일 수도 있지만 '무엇을 살까?' 하는 A의 행동과 '무엇을 만들지'에 대한 B의 길에는 겹치는 부분도 많습니다. A가 숍에서 한 모든 행동, 즉 옷의 길이, 색상, 무늬, 착용감 등을 확인하는 것은 옷을 구매할 때 늘상 해오던 일입니다. 핸드니팅을 하는 B에게도 동일한 선택이 필요합니다.

핸드니팅 도안은 이러한 선택의 결과를 기록합니다. 옷을 구매했다면 그 옷의 상품 표시(라벨)와 같습니다. 상품 표시에는 브랜드 명, 사이즈, 원단 함유량, 세탁 방법, 만드는 곳의 주소가 적혀 있고 단추 등의 부자재가 부착되어 있기도 합니다. 도안에 작품명, 사이즈, 재료, 색상, 사용바늘, 외곽 라인의 형태들이 그려져 있고 만드는 방법이 안내된 것과 동일합니다.

핸드니팅을 할 때는 옷을 만지고 상품 표시(라벨)를 살펴보며 원단 품질을 파악하듯이 핸드니팅의 재료를 직접 찾아보고 확인해야 합니다. 피팅룸에 들어가서 거울을 보며 몸에 대보고 결정하던 옷 길이도 허리에서 몇 센티미터 아래인지 길이를 직접 결정해야 합니다. 입어보고 이리저리 몸을 움직여 결정하던 폭의 여유도 가슴에서 또는 허리에서 몇 센티미터의 여유분으로 해야 하는지 결정해야 합니다. 목둘레는 어떤가요? 내 얼굴에 잘 어울리는 넥라인을 알고 계시죠? 이런 선택의 길을 가는 동안, 그간 만나왔던 디자

인들이 얼마나 많은 선택으로 이루어져 있는지 깨달을 것입니다. 이렇게 어떤 옷을 한 벌 구매하겠다는 처음의 생각과 그 이후 자연스러운 행동. 바로 이 과정이 핸드니팅에서는 '플랜'입니다.

이제 핸드니팅을 위한 플랜으로 정리해 봅시다. 뜨기법 익히기나 만들기만을 위한 뜨기가 아닌, 내가 갖고 입고 즐기는, 내가 직접 내 손으로 만드는, 핸드니팅을 해봅시다. 이 책을 통해 내가 찾은, 내가 만든, 진정한 나만의 사랑스러운 베스트를 갖게 될 것입니다. 이 책에서 만들고 싶은 작품을 찾으셨나요? 화보 중에서 만들고픈 예쁜 작품을 고르셨나요? 그러면 이제 선택한 베스트를 만들어 봅시다. 도안을 보고 만들 때 꼭 체크해야 하는 옷사이즈, 게이지 등 만드는 방법을 소개합니다. 도안을 따라 만들어 보면서 기법을 익히고, 조금 더 나아가 내가 찾은 색상을 내 옷에 적용하는 방법도 소개합니다.

핸드니팅 Level Check

- **초보 과정(Beginner)** 도안의 사용실과 바늘로 게이지를 맞추고 니팅 기법을 익힌다.
- **기초 과정(Standard)** 색상을 바꾸어 실을 선택하고 작업노트를 작성하고 제작한다.
- **심화 과정(Advance)** 사이즈를 변경하고, 소재를 바꾸고, 작업노트를 작성하고 제작한다.

Beginner
초보 과정

Standard
기초 과정

Advance
심화 과정

A 초보 과정(Beginner) 바늘과 실, 도안을 처음 본다!

① 도구 활용법을 알고 기호에 따른 기초 기법을 익힌다.

② 책의 순서에 맞춰 작품을 따라 뜨면서 연습한다. 익숙해지면 더 높은 레벨에 도전한다.

③ 사각형 형태의 무늬뜨기를 하고 스티밍을 한 다음 게이지가 맞는지 꼭 확인한다.

④ 게이지를 맞추지 않은 채 시작코를 만들어 뜨기를 진행하지 않는다. 레벨 순서에 따라 니팅 제작을 한다.

B 기초 과정(Standard) 대바늘뜨기 소품 제작 경험이 있고 옷 만들기에 도전하고 싶다!

① 난이도와 스타일을 고려해 원하는 디자인을 선택하고 실을 준비한다.

② 해당 무늬의 스와치를 제작하고 스티밍을 한 다음 게이지를 확인한다. 게이지가 맞지 않을 경우 바늘을 바꿔가며 스와치를 다시 제작한다.

③ 시작코를 확인하고 뜨기를 진행한다. 그래프노트를 보고 코단의 증가와 변화를 미리 확인한다. 표시핀을 활용해 표시하거나 그래프도안에 형광펜 등으로 표시해 가며 니팅을 즐긴다.

④ 리얼스팀본(143쪽 참고)에 뜨개바탕을 대보며 게이지가 일정한지 확인한다.

C 심화 과정(Advance) 핸드니팅 옷 만들기를 즐겨왔고 이제 다양한 디자인에 도전해 보고 싶다!

① 난이도와 스타일을 고려하여 선택한 디자인의 스케치를 작업노트에 오려 붙인다. 원하는 색상으로 색연필 등을 활용하여 컬러링한다.

② 색상과 원하는 재질감이 비슷하고 도안의 사용실 굵기와 맞는 소재를 찾아 작업노트에 붙인다.

③ 해당 무늬의 스와치를 제작하고 스티밍한 다음 게이지를 맞춘다.

④ 도안의 완성 사이즈와 착용자의 사이즈를 고려하여 가슴둘레, 옷의 길이를 결정하고 작업노트에 기재한다.

⑤ 전개도와 상세도를 참고하고 그래프노트를 미리 확인한다. 실물본으로 완성 사이즈를 확인해 가며 착용감을 높인다.

⑥ 색상과 소재의 변화, 가슴둘레와 옷의 길이 등을 자유자재로 응용해 나만의 니팅을 즐긴다.

×××××××××××××× 한눈에 알아보는 핸드니팅 레벨 체크 ××××××××××××××××

Q1   실과 대바늘을 사용해 본 적이 있어요.

YES   Level ★★   → **NO**

- 난이도와 스타일을 고려해 원하는 디자인을 선택하고 도안의 사용실을 준비한다.
- 해당 무늬의 스와치를 제작하고 스티밍을 한 다음 게이지를 확인한다.
- 게이지가 맞지 않을 경우 바늘의 굵기를 바꿔가며 스와치를 다시 제작한다.

Level ★
- 도구 활용법을 익히고 기호에 따른 기초 기법을 익힌다.
- 도안의 난이도 순서 대로 뜨기를 익히고 연습한다.
- 사각형 형태의 무늬 뜨기를 하고 스팀을 한 다음 게이지가 맞는지 꼭 확인한다.
- 게이지를 맞추지 않은 채 시작코를 보고 코를 만들고 뜨기를 진행하지 않도록 주의한다.
- 잘못 만들어 풀게 되어도 안타까워하지 않는다. 모두들 그렇게 시작한다.

Q2   탑다운은 떠 봤고, 전개도, 그래프도안을 배우고 싶어요.

YES   Level ★★★   → **NO**   Level ★★

- 그래프도안을 보면서 뜨기를 미리 확인해 볼 수 있다.
- 시작코를 확인하여 뜨기를 진행하고 표시핀을 활용하며 니팅을 즐긴다.

- 기초 테크닉을 다시 한번 확인한다.
- 도안을 보고 뜨지 못한다면 첨부한 서술도안을 보고 천천히 따라 한다.
- 그래프도안을 비교해 보면서 함께 익힐 수 있다.
- 전개도, 그래프도안, 서술도안이 같은 내용임을 이해한다.

Q3   전개도, 그래프도안, 서술도안이 같은 내용임을 이해해요.
            갖고 있는 실을 사용하고 싶어요, 원하는 색으로 바꾸고 싶어요.

YES   Level ★★★★   → **NO**   Level ★★★

- 책에 나오는 작품별 스케치를 작업노트에 오려 붙이고, 원하는 색상을 칠해 완성 이미지를 미리 확인한다.
- 무늬뜨기 게이지를 맞추면 도안을 활용할 수 있다.

- 책에서 사용하는 실을 준비하고 싶은데 어디서 구매해야 하는지 모른다면 지인스토어를 방문한다.

Q4   많이 떠보았고 사이즈를 변경하고 싶어요.

YES   Level ★★★★★

- 베스트는 옷의 길이, 가슴둘레 등을 쉽게 변경할 수 있다. 실물본을 활용하면 보다 쉽게 여유분을 조절할 수 있다.
- 경사뜨기, 사선뜨기에 도전해 보면 새로운 뜨기의 재미를 만날 수 있다.

Knitting Note

니팅 노트

1. 작업노트

작업노트는 핸드니팅을 시작하기 전에 앞으로 니팅할 뜨개의 완성 이미지와 준비 사항을 계획하고 정리하는 노트입니다. 완성 이미지를 스크랩하거나 창작하여 부착하고 컬러링하고 재료, 부자재를 미리 준비하고 정리하는 데 유용합니다. 완성 사이즈, 스와치를 제작해 부착하고 게이지와 사용바늘의 굵기도 기록합니다.

2. 그래프노트

코와 단의 가로세로 비율이 적용된 모눈형태의 칸으로 구성되어 있습니다. 콧수와 단수의 증가되고 감소되는 변화를 계단형 또는 그래프로 직접 그려 확인하고, 뜨기 기호를 기록하는 노트입니다. 뜨개바탕의 완성 모습과 같도록 종이에 미리 확인하며, 명확하지 않은 상태로 니팅을 진행하다 뜨고 푸는 시행착오를 줄일 수 있어 유용합니다. 니팅의 과정을 종이에 그려가며 학습하므로 직접 니팅을 즐길 때는 막힘없는 니팅 작업에 도움을 주고 경쾌한 느낌까지 줍니다. 그래프노트에 기록하고 뜨개바탕에는 표시핀을, 그래프노트에는 형광펜 등으로 표시해 두면, 보다 명료한 니팅을 즐길 수 있습니다. 그래프노트 활용에 대해 123쪽에서 자세히 살펴보겠습니다.

3. 디자인노트(축도노트)

실제 사이즈(cm)보다 1/4 크기의 모눈 형태의 칸으로 구성되어 있습니다. 도안의 정보를 정리하거나 실루엣의 디자인을 수정할 때 사용합니다.

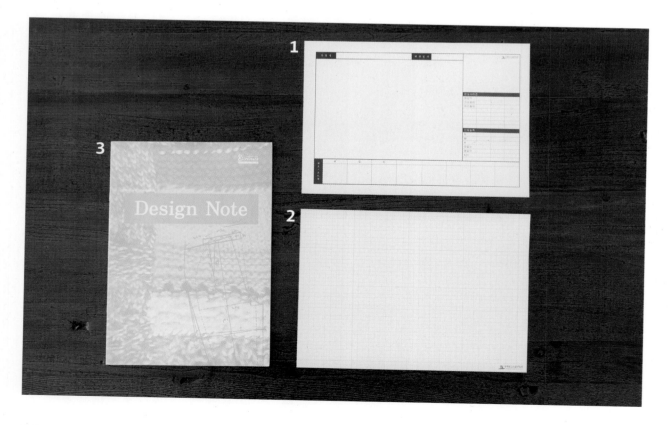

Knitting Neddles & Tools

니팅 바늘과 도구

1. 대바늘

대바늘은 2개 이상의 막대에 실을 걸어 고리를 만들고, 떠 나가면서 뜨개바탕을 만드는 데 사용됩니다. 바늘의 굵기는 호수에 따라 다르며, 실의 종류와 굵기에 따라 선택하면 됩니다. 형태에 따라 막대(양면)바늘과 줄바늘이 있는데, 특히 대바늘은 바늘 끝의 뾰족한 정도, 마모도가 중요하고, 재질에 따라 미끄러움에 차이가 있으므로 가급적 초보자들은 나무바늘을, 숙련자들은 스틸바늘을 사용하길 권합니다.

바늘 굵기는 둥근 단면의 지름을 mm(호)로 표기하여 구분합니다. 국내(mm)는 주로 0.5mm 간격으로 표기하는데 3.5mm, 4mm, 4.5mm, 5mm, 5.5mm, 6mm, 6.5mm, 7mm 등이고, 이 책에서도 이를 사용합니다.

미국은 U.S로 표기하며 U.S 0(2mm), U.S 1(2.25mm), U.S 2(2.75mm), U.S 3(3.25mm), U.S 4(3.5mm), U.S 5(3.75mm), U.S 6(4mm), U.S 7(4.5mm), U.S 8(5mm), U.S 9(5.5mm), U.S 10(6mm), 10 1/2(6.5mm), U.S 11(8mm), U.S 13(9mm)입니다.

일본은 호를 쓰는데 호마다 0.3mm의 굵기 차이가 있습니다. 3호(3mm), 4호 (3.3mm), 5호(3.6mm), 6호(3.9mm), 7호(4.2mm), 8호(4.5mm), 9 호(4.8mm), 10호 (5.1mm), 11호(5.4mm), 12호(5.7mm), 13호(6mm), 14호(6.3mm), 15호(6.6mm)입니다.

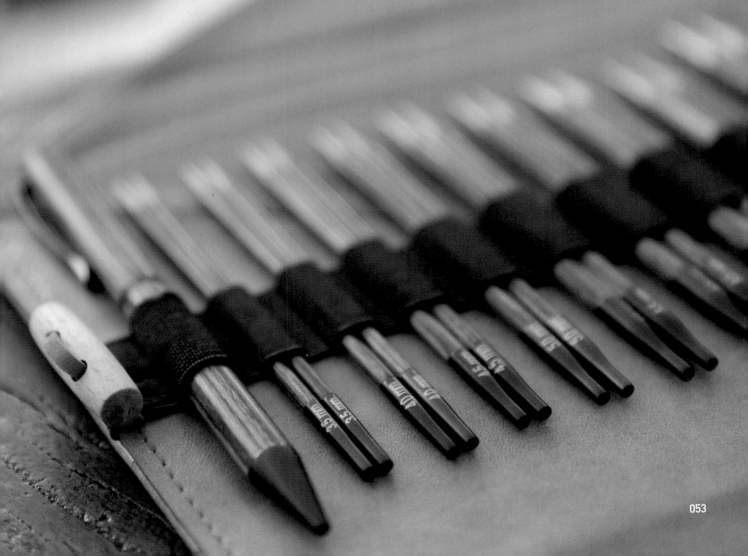

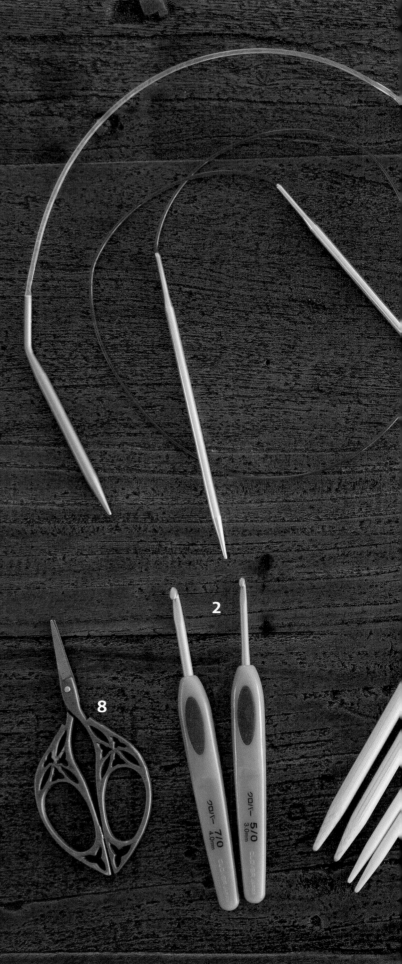

2. 코바늘

이 책에서는 대바늘뜨기 위주로 구성되어 있으므로 별도사슬뜨기를 할 수 있는 7/0호 이상의 굵은 코바늘을 준비합니다.

3. 교차바늘(보조바늘)

니팅을 하다가 코의 순서를 바꿔야 하는 경우 사용합니다.

4. 돗바늘

실자락을 정리하거나, 뜨개바탕을 꿰맬 때 사용합니다. 실자락을 정리할 때는 직접 실을 찌를 수 있는 끝이 뾰족한 바늘을 선택합니다. 꿰매어 잇기를 할 때는 코와 싱커루프 등을 찌르지 않고 들어 올려야하므로 바늘 끝이 뭉툭한 것이 좋습니다. 실의 굵기에 따라 3~4개를 준비합니다.

5. 표시핀

뜨개코 또는 싱커루프에 걸어 코수와 단수를 확인할 수 있도록 표시하는 도구입니다. 뜨기의 단수를 별도의 종이에 표기하는 경우가 있는데 표시핀으로 뜨개바탕에 직접 일정한 간격을 표기하면 편리합니다. 예를 들어 20단마다 표기를 하면 단수를 확인하면서 도안과 비교하면 편리합니다. 원통뜨기인 경우 코 또는 무늬 간격을 시작부분에 표시하여 1단의 시작과 끝을 구분합니다. 또한 무늬 단위별로 표시핀을 걸어두면 편리합니다. 예를 들어 1무늬 15코일 경우 간격을 코와 코 사이(15, 16번째 사이)의 바늘에 꽂아 표시합니다.

6. 시침핀

뜨개바탕을 고정하여 스티밍하거나, 연결 시 게이지를 확인할 때 사용합니다. 시침봉이 작은 재봉틀용 또는 바느질용을 사용하지 않도록 주의합니다. 코의 크기와 뜨개바탕의 두께가 직물원단에 비해 두껍기 때문에 시침핀의 굵기가 굵고 잘 휘어지지 않으며 시침봉의 크기가 월등히 큰 것을 선택합니다. 시침봉의 크기가 크고 일정한 간격으로 제작된 니팅 전용 시침핀 사용을 권합니다.

7. 줄자

줄자는 치수를 확인할 때, 스와치의 게이지를 측정할 때 주로 사용합니다. 핸드니팅에서는 1mm 간격으로 표기된 줄자를 선호하며, 줄자를 사용하기 전, 줄자가 늘어지지 않았는지, 고정된 막대자에 대어 확인한 후 사용하는 것이 좋습니다.

8. 가위

사이즈가 작은 수예 전용 가위를 사용합니다. 실을 자를 때 끝부분을 사용하여 경쾌하게 잘리는지 확인합니다.

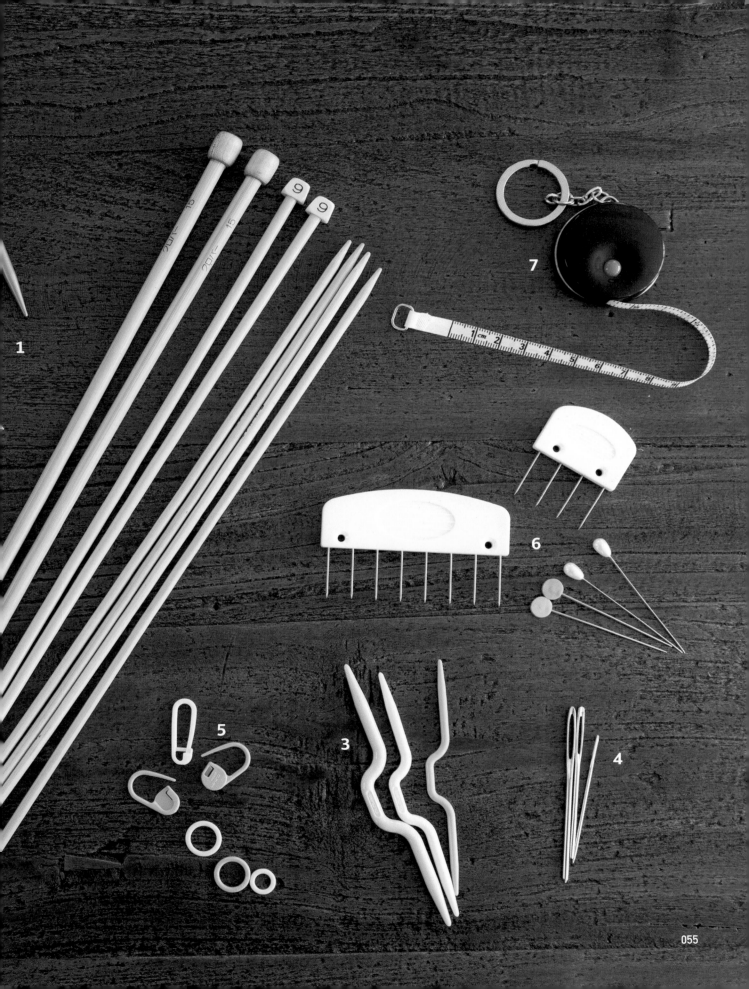

Knitting Glossary
니팅 용어

니팅을 처음 시작할 때, 니팅 기호를 보고 뜨기가 가능해야 옷 만들기를 부담 없이 즐길 수 있으므로 기초 테크닉을 익히고, 연습하는 시간을 가져야 합니다. 이 책은 제작 난이도순으로 도안의 페이지를 구성하였습니다.

처음 니팅을 배우려 한다면 도안 68쪽의 첫 번째 니팅 작품을 꼭 만들어 본 다음, 다른 작품에 도전해 보길 권합니다. 다양한 디자인을 선택해서 옷을 만들고 싶다면 이미 핸드니팅 기법을 한 번쯤 경험했을 것입니다. 숙련자라도 다시 한번 테크닉을 살펴보며 자신의 뜨기 방법과 비교하면서 정리해 두면 더 쉽게 뜰 수 있습니다.

겉 메리야스

안 메리야스

- **코(Stitch)** 바늘에 걸려있는 고리 1개의 명칭입니다.
- **단(Row)** 코가 연속되어 하나의 바늘에 걸려있는 것입니다. 니팅을 해서 만들어진 코의 열도 '단'이라고 합니다. 보통 '1단을 뜬다' 등으로 표현되며, 손가락 걸어 코만들기도 1단이 됩니다. 별도사슬을 사용하여 만든 고무뜨기 코는 2단이 만들어집니다.

싱커루프

- **싱커루프(Sinker loop)** 고리와 고리 사이의 부분, 코와 코 사이의 부분입니다. 단수를 셀 때나 코늘리기, 떠서 꿰매기 등에 반드시 필요하므로 잘 체크해 두는 것이 좋습니다.

겉면

앞면

- **겉면·안면** 선택한 무늬뜨기를 기준으로 무늬뜨기가 드러난 면을 '겉면(완성면)', 그 반대면을 '안면'이라고 합니다.
- **별도실·별실** 실제 뜨려고 하는 실과 별도의 실로 보조로 사용되는 실입니다. 가급적 보색이거나 확연한 차이의 색상을 가진 실을 선택하고 재질이 매끄러운 코드사가 좋으며, cotton, wool과 같이 꼬임이 갈라질 수 있는 실은 되도록이면 피하도록 합니다.
- **실자락** 실 한 볼에서 뽑아낸 실 끝부분입니다.
- **뜨개바탕** 니팅을 진행한 편물 원단입니다.
- **스와치(Swatch)** 제작할 뜨개바탕의 샘플로 사용할 실과 대바늘로 니팅을 한 가로세로 10c 이상의 뜨개바탕입니다.

- **실잇기(실붙이기)** 새 실을 연결하여 뜨개바탕에 실을 코줍기하여 새롭게 연결하기
- **실끊기** 니팅의 진행이 끝나고 실자르기
- **실끌기** 실을 끊지 않고 실을 끌어서 연결해 가며 뜨기
- **왕복뜨기(평면뜨기)** 니팅을 한 단의 첫 코에서 끝 코까지 진행한 다음, 뜨개바탕을 180도로 뒤집어서 뜨는 방법
- **원통뜨기** 한 단의 니팅을 모두 진행하고 첫 코와 마지막 코를 연결하여 뜨개바탕을 원의 형태로 만들어 뜨개바탕을 뒤집지 않고 한쪽 방향으로 뜨는 방법
- **쉼코두기** 니팅을 진행하다가 코를 막지 않고 코 그대로 실이나 핀에 꽂아 두기
- **탑다운(Top-Down)** 목부터 아래 방향으로 떠내려가며 어깨, 진동, 몸통, 밑단 순으로 뜨는 방법
- **바텀업(Bottom-Up)** 허리에서 위 방향으로 떠올라가며 밑단, 몸통, 진동, 어깨 순으로 뜨는 방법

테크닉 사전
-
-

손가락 걸어 코만들기 long tail cast on

1. 시작코를 만든다.

2. 바늘을 시작코에 넣고 왼손의 엄지와 검지로 2개의 실자락을 잡는다.

3. 엄지 아래 실 아래로 바늘을 넣는다.

4. 검지 앞쪽의 실을 바늘로 끌어와 3에서 만든 고리 사이로 빼낸다.

5. 2~4의 방법을 반복하여 원하는 콧수만큼 고리를 만든다.

-
-

감아코 만들기 backward loop cast on

1. 검지 위쪽으로 실을 걸친다.

2. 검지로 실을 감아 고리를 만들어 그 고리에 바늘을 넣어 코를 만든다.

3. 1~2를 원하는 콧수만큼 반복한다.

•
•
겉뜨기 knit (k)

1. 오른쪽 바늘을 왼쪽 바늘의 고리 앞부분에 바깥쪽을 향하여 넣는다.

2. 고리를 통과한 오른쪽 바늘에 실을 아래로부터 위로 감는다.

3. 실이 걸린 상태로 오른쪽 바늘을 고리에서 빼내고 왼쪽 바늘에서 고리를 벗겨낸다.

•
•
안뜨기 purl (p)

1. 오른쪽 바늘을 왼쪽 바늘의 고리 앞부분에 안쪽을 향하여 넣는다.

2. 고리를 통과한 오른쪽 바늘에 실을 위로부터 아래로 감는다.

3. 실이 걸린 상태로 오른쪽 바늘을 고리에서 빼내고 왼쪽 바늘에서 고리를 벗겨낸다.

•
겉뜨기 덮어씌우기(코막음) bind off knitwise

1. 겉뜨기 2코를 뜬다.

2. 겉뜨기 2코 중 먼저 뜬 코에 왼쪽 바늘을 넣어 들어 올린 후, 나중에 뜬 코 앞을 지나 바늘 앞쪽으로 덮는다.

3. 겉뜨기 1코를 더 뜨고 **2**를 반복한다.

4. 마지막 코까지 반복하여 마지막 코의 고리 사이로 실을 통과시켜 마무리한다.

Knitting Abbreviations Chart

대바늘뜨기의 필수, 무늬뜨기와 기호도

뜨개바탕을 이루는 대표 무늬인 가터뜨기, 메리야스뜨기, 1코고무뜨기입니다. 아래 그림은 뜨기 방법을 니팅 전용 그래프에 기호로 표기한 기호도입니다.

평면뜨기는 뜨개바탕을 뒤집어 가며 뜨기 때문에 홀수단은 기호대로, 짝수단은 기호의 뜨기 반대로 뜨면 됩니다. 예를 들어 기호에 겉뜨기는 안뜨기로, 안뜨기는 겉뜨기로 뜹니다. 원통뜨기는 단의 기호 그대로 뜹니다. 기호도(그래프도안)는 겉면 즉, 완성면을 기호로 표기하는 것이 원칙입니다. 이것만 기억하면 서술도안 없이도 직관적 확인이 가능한 그래프도안을 보고 뜰 수 있습니다.

■ 가터뜨기

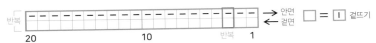

1단   손가락 걸어 코만들기 20코

2~20단   왕복뜨기 겉뜨기

겉뜨기 덮어씌우기(덮어씌우기는 단수에 포함하지 않는다)

■ 메리야스뜨기

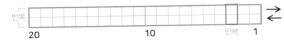

1단   손가락 걸어 코만들기 20코

2~20단   왕복뜨기(안뜨기 20코, 겉뜨기 20코) 반복, 안뜨기 20코

겉뜨기 덮어씌우기

■ 1코고무뜨기

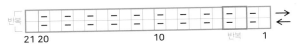

1단   손가락 걸어 코만들기 21코

2단   (안뜨기 1코, 겉뜨기 1코) 반복, 안뜨기 총 21코

3단   겉뜨기 1코, (안뜨기 1코, 겉뜨기 1코) 반복 총 21코

4~20단   2단, 3단 반복

1코고무뜨기, 덮어씌우기 반복

* 무늬뜨기가 반복될 경우 서술도안에 안뜨기, 겉뜨기를 표기하지 않고 가터뜨기, 메리야스뜨기, 1코고무뜨기로 표기합니다.

Gauge

게이지는 절대적, 샘플 뜨기

각 작품의 준비 사항에는 사용바늘과 재료, 게이지가 기재되어 있습니다. '게이지(GAUGE)'는 뜨개바탕의 가로세로로 10c 안의 콧수와 단수를 말합니다. 이 게이지는 완성작을 만들어 갈 때 콧수와 단수의 기준이 됩니다.

그러나 주의해야 할 점은 도안의 바늘 굵기는 제작자가 사용한 바늘이기는 하지만, 누구나 그 바늘 굵기로 뜨더라도 도안의 게이지와 반드시 일치한다는 의미는 아닙니다. 도안에서 제시한 바늘과 재료를 사용해도 제작자의 손 당김, 숙련도 등에 따라 게이지는 다를 수 있다는 것을 유의해야 합니다.

같은 실, 같은 바늘로 떠도 도안의 게이지의 수치와 큰 차이가 생길 수 있으니 본격적으로 핸드니팅을 시작하기 전에 꼭 일정한 크기(가급적 사방 10c 이상)의 뜨개바탕(스와치)을 떠서 도안의 게이지와 비교해야 합니다.

예를 들어, 도안에는 '6mm 대바늘을 사용하여 17코의 게이지'라고 기재되어 있는데, 같은 실과 바늘을 사용했는데도 10c 안에 14코 또는 19코, 20코 등의 게이지가 나올 수도 있습니다. 이것은 잘못된 것이 아닙니다. 핸드니팅을 하다 보면 종종 발생하는 일입니다. 그러니 반드시 스와치를 뜨고 도안의 게이지와 일치하는지 확인해 주세요. 제시된 게이지의 코, 단을 꼭 맞추기를 권합니다.

그래야 도안의 콧수와 단수를 따라 완성했을 때, 도안의 치수와 일치하고 사이즈 조절의 기준도 잡을 수 있으니 꼭 기억해야 합니다. 초보자는 게이지 확인 전, 도안에 있는 시작 콧수를 확인하여 바로 코를 만들지 않도록 주의하세요. 또한 완성품은 스티밍하여 완성된 사이즈이므로 게이지도 꼭 스티밍한 상태에서 측정해야 합니다.

■ 스티밍

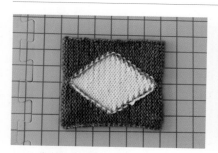

1. 뜨개바탕의 안면이 위로 오도록 놓는다.

2. 네 모서리에 시침핀이 바깥쪽으로 향하도록 꽂는다.

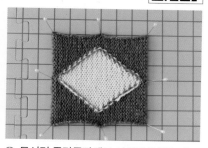

3. 모서리 중간중간에도 시침핀을 꽂는다.

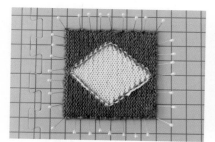

4. 연속하여 더 촘촘히 꽂는다.

5. 뜨개바탕을 누르지 않고 스팀을 준다.

6. 스티밍한 겉면 모습.

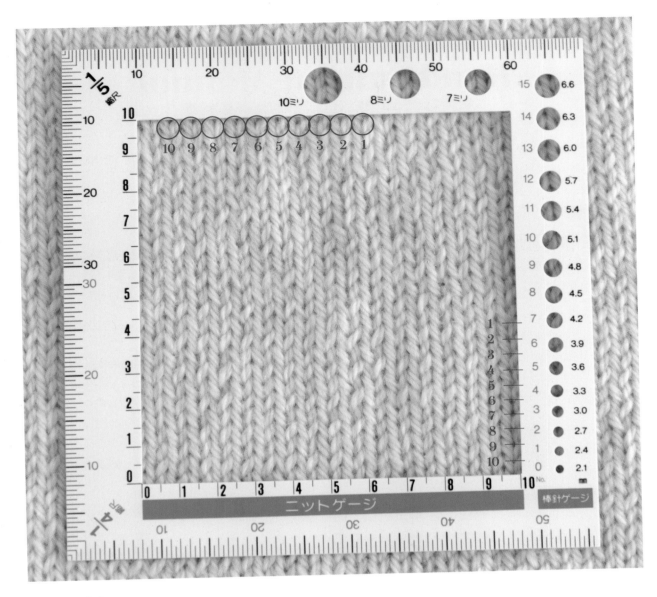

■ 게이지 확인

스스로 제작한 게이지를 확인합니다. 게이지를 기록할 때는 코, 단뿐만 아니라 꼭 사용바늘의 굵기도 함께 적어 둡니다. 대바늘뜨기의 게이지 측정 방법은 가로와 세로의 사방 10c 안에 몇 코, 몇 단이 들어가는지 세어서 확인합니다. 이때 0.5코, 0.5단까지 확인합니다. (예, 사방 10c 16코 29단, 17.5코 30단)

■ 게이지 조정

만들고 싶은 작품에 제시된 게이지와 내가 핸드니팅 한 스와치의 게이지가 맞지 않을 경우 어떻게 해야 할까요? 먼저 도안에서 제시한 바늘을 사용하여 스와치를 제작합니다. 그것을 기준으로 게이지 조정을 통해 도안의 게이지를 맞출 수 있습니다.

바늘을 0.5mm 굵게 하거나 가늘게 하면 코의 가로세로 크기가 약 9%가 커지거나 작아집니다. 즉, 코의 크기가 커지거나 작아집니다. 그리고 개인에 따라 다를 수 있으므로 같은 실로 바늘을 바꿔가며 데이터를 수집해도 유용합니다. 이를 '게이지 조정'이라고 합니다.

Hand Knitting Manual

도안은 핸드니팅 매뉴얼

이제 다양한 베스트 디자인을 선택해 핸드니팅으로 즐겨봅시다. 만들기의 시작과 진행 방법, 마무리가 설명된 도안을 알아봅시다. 도안에는 준비 사항과 전개도(평면도), 기호도, 완성도, 설명글로 뜨기 방법을 설명합니다.

■ 전개도

전개도는 3차원의 입체도형을 2차원의 평면으로 펼쳐 그린 그림입니다. 핸드니팅에서는 완성할 입체적인 뜨개바탕을 한 조각(panel)씩 몸판의 앞, 뒤 등으로 구분합니다. 각 조각을 평면화시켜 보여주므로 '평면도'라고도 합니다. 가로와 세로의 길이인 c(cm), 콧수, 단수, 뜨기 무늬명, 사용바늘, 코와 단의 증가 또는 감소, 뜨기 방향, 색상 등을 확인할 수 있습니다. 기록할 내용이 많을 경우, 다음에 나오는 기호도와 나눠서 기록합니다.

① 뜨개바탕명 착용하였을 때의 위치를 기준으로 표기합니다.

② c와 코, 단 각 위치의 실제 크기를 c로 표기한 다음, 좌우의 괄호 안에 콧수를 표기하고 위아래의 괄호 안에 단수를 표기합니다.

③ 무늬명과 사용바늘 메리야스뜨기, 가터뜨기, 고무뜨기와 같이 많이 사용하는 무늬는 괄호 안에 표기하고, 혼합 무늬의 경우는 무늬뜨기 A, B 등으로 구분합니다. 무늬뜨기별 사용된 바늘과 굵기도 표기합니다. 게이지는 사용바늘과 뜨는 사람의 손죄임에 따라 달라지므로 도안에 표기된 바늘의 굵기는 선택할 때 참고용이며, 각자 꼭 스와치를 제작해 게이지를 확인하고 바늘 굵기를 결정해야 합니다. 무늬와 사용바늘이 변경될 경우 실선으로 구분하거나 바탕의 색을 바꿔 구분합니다.

④ 시작 위치와 단의 진행 방향 화살표 방향으로 단의 진행을 표기하며, 이를 통해 시작 위치도 확인할 수 있습니다. 화살표의 길이는 긴 길이를 먼저 시작하고 짧은 순으로 제작함을 의미합니다.

⑤ 시작 너비와 시작 콧수 시작 너비와 콧수를 확인할 수 있도록 굵은 글씨체로 표기합니다.

⑥ 접이선 2점쇄선으로 표기하며, 평면상으로는 분리되어 그려져 있으나 실제로는 연결된 뜨개바탕입니다.

⑦ 완성선 뜨개바탕을 만들었을 때 완성라인을 굵은 실선으로 표기합니다.

⑧ 코의 진행 방향(왕복뜨기·원통뜨기) 뜨개바탕을 겉면과 안면으로 뒤집어가며 뜨는 것을 '왕복뜨기', 원형을 만들어 계속 겉면만 보면서 뜨는 것을 '원통뜨기'라고 합니다. 별도 표기가 없는 경우 왕복뜨기이며, 원통뜨기일 경우 반드시 표기합니다.

⑨ 증감 콧수 어깨 늘림코, 진동 줄임코, 목둘레 줄임코, 무늬가 변경될 때 + , − 를 표기하여 늘리거나, 줄이는 콧수를 표기합니다.

⑩ 고무뜨기 방법 간단한 뜨기 방법을 뜨기 기호로 표기합니다. 예시의 도안은 양 끝이 겉뜨기 2코인 2코고무뜨기입니다.

⑪ 진동(목둘레) 줄임 단 − 코 − 반복(예, 2 − 2 − 2, 단 − 코 − 회)의 순서로 변화가 생기는 단의 간격과, 줄거나 늘려야 하는 콧수를 표기하고 그 반복되는 횟수를 마지막으로 기재합니다. 단평은 콧수의 변화 없이 떠 나가는 단수입니다. (123쪽 참고)

⑫ 경사뜨기 되돌아뜨기하는 어깨 경사뜨기를 단 − 코 − 회로 표기합니다. ( )의 콧수는 가장 먼저 되돌아뜨기할 콧수를 뜻합니다.

바텀업

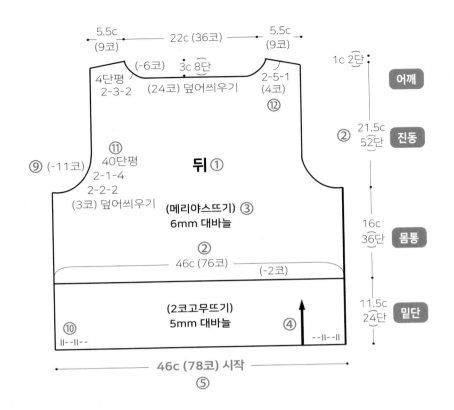

5.5c
(9코)
22c (36코)
5.5c
(9코)

1c 2단
어깨

(-6코)
3c 8단
4단평
2-3-2
(24코) 덮어씌우기
2-5-1
(4코)
⑫

② 21.5c
52단
진동

⑨ (-11코)
⑪
40단평
2-1-4
2-2-2
(3코) 덮어씌우기
뒤 ①

(메리야스뜨기) ③
6mm 대바늘

②
46c (76코)
(-2코)

16c
36단
몸통

(2코고무뜨기)
5mm 대바늘
④

11.5c
24단
밑단

⑩
ll--ll--
--ll--ll

46c (78코) 시작
⑤

탑다운

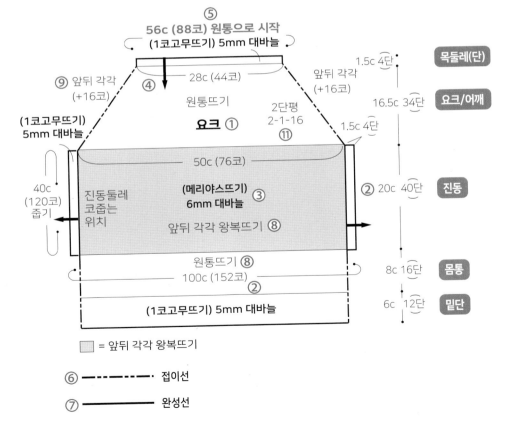

⑤
56c (88코) 원통으로 시작
(1코고무뜨기) 5mm 대바늘

1.5c 4단
목둘레(단)

⑨ 앞뒤 각각
(+16코)
④
28c (44코)
앞뒤 각각
(+16코)

16.5c 34단
요크/어깨

(1코고무뜨기)
5mm 대바늘
원통뜨기
요크 ①
2단평
2-1-16
⑪
1.5c 4단

50c (76코)

40c
(120코)
줍기
진동둘레
코줍는
위치
(메리야스뜨기) ③
6mm 대바늘

앞뒤 각각 왕복뜨기 ⑧

② 20c 40단
진동

원통뜨기 ⑧
100c (152코)
②

8c 16단
몸통

(1코고무뜨기) 5mm 대바늘

6c 12단
밑단

▨ = 앞뒤 각각 왕복뜨기

⑥ —·—·—·— 접이선

⑦ ——————— 완성선

■ 기호도(차트, 그래프, 상세도)

완성된 뜨개바탕의 형태를 기준으로 해당하는 코와 단의 위치에 뜨기법을 기호로 표기한 그림입니다.

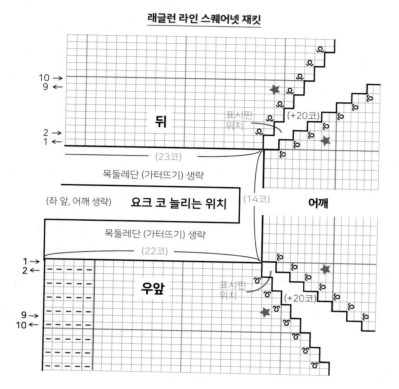

래글런 라인 스퀘어넷 재킷

10 →
9 ←

뒤

표서판 위치   (+20코)

2 →
1 ←

(23코)

목둘레단 (가터뜨기) 생략

(좌 앞, 어깨 생략)   요크 코 늘리는 위치   (14코)   어깨

목둘레단 (가터뜨기) 생략

(22코)

1 →
2 ←

우앞   표서판 위치   (+20코)

9 →
10 ←

① 표기 기준 뜨개바탕의 완성면 또는 겉면입니다. 왕복뜨기의 경우, 뜨개바탕을 뒤집어가며 뜨기 때문에 일반적으로 홀수단은 뜨기 기호의 완성면과 일치하도록 뜨고, 짝수단은 완성면의 기호와 반대로 (예, 겉뜨기를 안뜨기로) 뜨게 됩니다. 무늬가 반복 배열될 경우 1무늬의 콧수 및 단수를 기록합니다.

② 하나의 사각형은 하나의 코 그 안에 해당 코의 뜨기 기호를 표기합니다. 걸러뜨기, 끌어올리기 등은 위아래 사각형에 걸쳐서 표기하는 경우도 있습니다.

③ 반복 기호 생략 보충설명이 필요한 경우에도 해당 기호를 기호도 아래 빈칸과 생략된 기호를 기재해서 생략된 코가 어떤 기법인지 설명합니다.

④ 화살표 단의 뜨기 방향을 표기해 왕복뜨기와 원통뜨기를 구분합니다.

⑤ 단수 기호도의 우측 또는 좌측에 기재합니다.

■ 완성도

뜨개바탕의 완성 모습 전체나 일부분을 가져와 표기한 그림입니다. 앞, 뒤와 같이 낱장의 뜨개바탕을 잇고 꿰매는 방법을 설명하거나 테두리 뜨기와 관련해 콧수나 단수를 안내합니다. 필요한 경우 단추, 라벨 등 부자재의 위치와 부착 방법을 설명합니다. 마무리에 해당하는 경우가 많습니다.

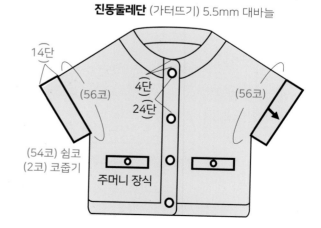

앞, 뒤, 진동분리

진동 (54코)쉼코   진동 (54코)쉼코

뒤(63코)

앞(42코)   앞(42코)

진동둘레단 (가터뜨기) 5.5mm 대바늘

14단

(56코)   4단   24단   (56코)

(54코) 쉼코
(2코) 코줍기

주머니 장식

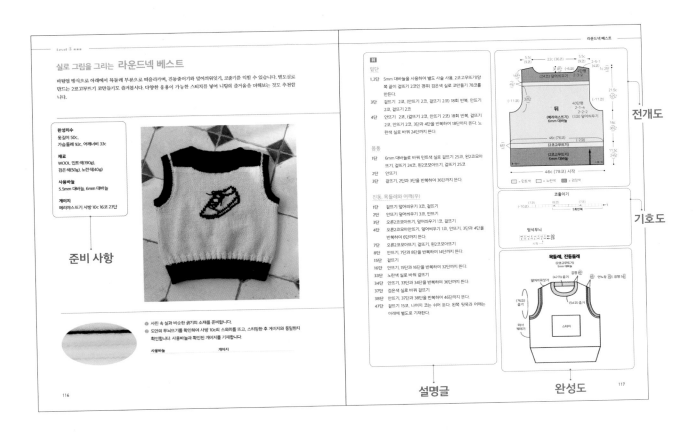

준비 사항 · 설명글 · 전개도 · 기호도 · 완성도

■ 설명글

뜨개바탕의 진행 방향을 기준(바텀업 : 밑단, 몸통, 진동, 어깨/탑다운 : 목둘레, 어깨, 진동, 몸통, 밑단)으로 글로 풀어 설명합니다. 좌우 구분이 필요한 경우 전개도의 왼쪽, 오른쪽으로 구분하거나 A, B로 구분하여 설명합니다.

① 전개도(평면도)에 해당하는 표현의 경우

1단(시작단) : 사용바늘, 사용실 및 색상, 시작코 만드는 방법, 콧수 등을 기록합니다.

코의 뜨기 방향(왕복뜨기, 원통뜨기) : 별도 표기가 없는 경우 기본적으로 왕복뜨기이며, 원통뜨기일 경우 반드시 기재해서 표기합니다.

예) **1~2단** 5mm 대바늘을 사용하여 파란색 실로 별도사슬로 만드는 1코고무뜨기 코만들기(양쪽 끝이 겉뜨기 2코인 경우) 73코를 만든다.

예) **1단** 5.5mm 대바늘을 사용하여 손가락 걸어 코만들기 80코를 만들어 원통뜨기를 한다.

예) **2단** (겉뜨기 1코, 안뜨기 1코) 40번 반복, 2단을 반복하여 8단까지 뜬다.

② 기호도(무늬뜨기)에 해당하는 표현의 경우

무늬뜨기는 기호의 명칭을 뜨는 순서대로 나열하고 그 반복 횟수와 동일한 무늬뜨기가 단으로 연속될 경우 몇 단까지 반복되는지 표기합니다. 그리고 가터뜨기, 메리야스뜨기, 고무뜨기 등이 연속될 경우 이를 통칭하여 기록하며, 뜨기 명칭과 기호, 뜨기 방법을 순차적으로 습득할 수 있도록 설명합니다.

배색뜨기의 경우 그래프 형태로 표를 만들어 해당하는 색상을 표기합니다.

③ 완성도에 해당하는 표현의 경우

마무리로 어깨 또는 옆선의 연결 방법, 목둘레단, 앞단, 진동둘레단의 코줍기와 뜨기 방법, 부자재 위치 등을 설명합니다.

예) **1단** 4. 4mm 대바늘을 사용하여 베이지색 실로 좌앞과 우앞의 앞단에서 각각 67코씩 코줍기

예) **2단** 1코고무뜨기 8단까지 1코고무뜨기 덮어씌우기 코마무리

예) 우앞 앞단에 간격에 맞게 5개의 단추를 단다.

Dropped Shoulder Simple Top

바늘비우기로 코늘리는
드롭숄더 심플 탑

어깨선의 흐름이 자연스러운 드롭숄더 심플 탑입니다. 쉽게 완성할 수 있으며 모던하고 캐주얼한 디자인으로 청바지, 정장, 스커트에도 잘 어울리는 실루엣입니다. 소재의 재질감에 변화를 주면 간단한 뜨기법으로도 나만의 개성을 표현할 수 있습니다.

#심플니팅 #데일리니트 #모던 #캐주얼 #탑다운

바늘비우기로 코늘리는 드롭숄더 심플 탑

시작코를 만들고 원통뜨기로 어깨를 늘려가며 떠내려가는 탑다운 방식의 베스트로 초보자도 쉽게 완성할 수 있습니다. 바늘 비우기로 어깨 콧수를 증가해 가며 뜨고, 메리야스뜨기의 왕복뜨기와 원통뜨기를 익혀 봅시다. 단에서 코줍는 방법도 소개 합니다.

완성치수
옷길이 52c, 가슴둘레 FREE

재료
LINNEN COTTON 흰색(260g)

사용바늘
5mm 대바늘, 6mm 대바늘

게이지
메리야스뜨기 사방 10c 15코 20.5단

① 사진 속 실과 비슷한 굵기의 소재를 준비합니다.
② 도안의 무늬뜨기를 확인하여 사방 10c의 스와치를 뜨고, 스티밍한 후 게이지와 동일한지 확인합니다. 사용바늘과 확인된 게이지를 기재합니다.

사용바늘	게이지

목둘레

1단 5mm 대바늘을 사용하여 손가락 걸어 코만들기 88코를 만들고 원통뜨기 한다.

2단 1코고무뜨기, 2단과 같이 4단까지 뜬다.

요크

1단 6mm 대바늘로 바꿔 겉뜨기 88코

2단 겉뜨기 88코

3단 겉뜨기 42코, 바늘비우기, 겉뜨기 2코, 바늘비우기, 겉뜨기 42코, 바늘비우기, 겉뜨기 2코, 바늘비우기

4단 겉뜨기(짝수단 겉뜨기 이하 생략)

5단 겉뜨기 44코, 바늘비우기, 겉뜨기 2코, 바늘비우기, 겉뜨기 44코, 바늘비우기, 겉뜨기 2코, 바늘비우기

7단 겉뜨기 46코, 바늘비우기, 겉뜨기 2코, 바늘비우기, 겉뜨기 46코, 바늘비우기, 겉뜨기 2코, 바늘비우기

9단 겉뜨기 48코, 바늘비우기, 겉뜨기 2코, 바늘비우기, 겉뜨기 48코, 바늘비우기, 겉뜨기 2코, 바늘비우기

11단 겉뜨기 50코, 바늘비우기, 겉뜨기 2코, 바늘비우기, 겉뜨기 50코, 바늘비우기, 겉뜨기 2코, 바늘비우기

13단 위 홀수단 코늘리기와 같이 겉뜨기코 2코씩 증가, 바늘비우기, 겉뜨기 2코, 바늘비우기, 겉뜨기 2코씩 증가, 바늘비우기, 겉뜨기 2코, 바늘비우기, 짝수단 겉뜨기 반복하여 32단까지 뜬다.

33단 겉뜨기 72코, 바늘비우기, 겉뜨기 2코, 바늘비우기, 겉뜨기 72코, 바늘비우기, 겉뜨기 2코, 바늘비우기

34단 겉뜨기 152코

진동

1단 152코를 반으로 나누어 앞, 뒤를 구분하고 각각 겉뜨기 76코

2단 안뜨기 76코, 1단과 2단을 반복하여 40단까지 뜬다.

몸통

1단 앞과 뒤의 76코를 합쳐서 원통뜨기 겉뜨기 152코

2단 겉뜨기 152코, 1단과 2단을 반복하여 16단까지 뜬다.

밑단

1단 5mm 대바늘로 바꿔 1코고무뜨기, 1단과 같이 12단까지 뜬다. 1코고무뜨기 덮어씌우기 코마무리한다.

마무리

1단 5mm 대바늘을 사용하여 진동 앞, 뒤 총 120코 코줍기한다.

2단 1코고무뜨기, 2단과 같이 4단까지 뜬다. 1코고무뜨기 덮어씌우기 코마무리한다.

테크닉 사전

원형코 만들기 knitting in the round

1. 한쪽이 막히지 않은 4개의 양면바늘 중 하나에 원하는 콧수만큼 손가락 걸어 코만들기를 한다.

2. 양면바늘 2개에 콧수를 3등분하여 코가 꼬이지 않도록 조심하며 옮긴다.

3. 나머지 양면바늘 1개를 첫 코에 넣고 마지막 코에 연결된 실을 가져와 뜨기를 시작한다.

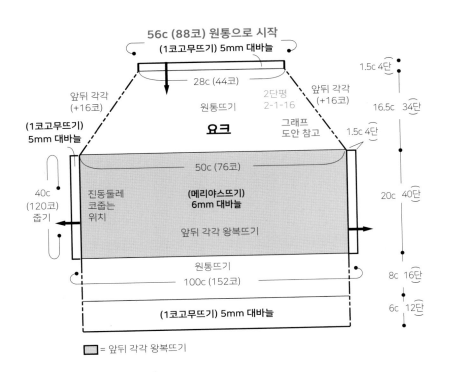

56c (88코) 원통으로 시작
(1코고무뜨기) 5mm 대바늘

28c (44코)

앞뒤 각각 (+16코)

원통뜨기

2단평 2-1-16

앞뒤 각각 (+16코)

요크

그래프 도안 참고

(1코고무뜨기) 5mm 대바늘

1.5c 4단

진동둘레 코줍는 위치

50c (76코)

1.5c 4단

16.5c 34단

40c (120코) 줍기

(메리야스뜨기) 6mm 대바늘

앞뒤 각각 왕복뜨기

20c 40단

원통뜨기
100c (152코)

8c 16단

(1코고무뜨기) 5mm 대바늘

6c 12단

☐ = 앞뒤 각각 왕복뜨기

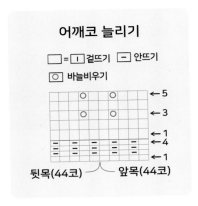

어깨코 늘리기

☐ = ▯ 겉뜨기   ▬ = 안뜨기

◯ 바늘비우기

뒷목(44코)   앞목(44코)

어깨코 늘리기(원통뜨기 기호도 보기) how to increase to shoulder stitch

1. 실을 안쪽에 놓고 오른쪽 바늘을 겉뜨기하듯이 왼쪽 바늘의 코에 넣는다.

2. 바늘비우기를 하고 겉뜨기한 모습.

3. 바늘비우기, 겉뜨기 2코, 바늘비우기한 모습.

4. 다음 단에서 중앙의 겉뜨기 2코 앞에서 바늘비우기한다.

5. 중앙의 겉뜨기 2코 양옆에 바늘비우기한 모습.

바늘비우기 yarn over (yo)

1. 실을 바늘 안쪽으로 옮겨놓는다.　　**2.** 다음 코를 겉뜨기한다.　　**3.** 바늘비우기 한 모습.

단에서 코줍기 picking up on row

1. 진동의 아랫 부분에서 코 2가닥 아래로 바늘을 넣는다.　　**2.** 겉뜨기 뜨듯이 새 실을 바늘에 감아 코줍기한다.　　**3.** 1.~2.와 같이 6코를 코줍기한 모습.

4. 진동을 따라 코줍기하고 고무뜨기를 한다.

Raglan Line Square-Neck Jacket

싱커루프 코늘리는
래글런라인 스퀘어넥 재킷

간절기에 편하게 입을 수 있는 래글런라인 스퀘어넥 재킷입니다. 래글런라인은 목둘레로부터 시작하여 비스듬하게 만들어진 라인을 말합니다. 어깨와 팔의 연결 부분은 래글런라인으로 만들고 주머니 장식, 테두리, 단추 등에는 샤넬 스타일의 클래식함과 캐주얼한 분위기 모두 연출할 수 있는 오픈 재킷입니다.

#래글런니트 #샤넬스타일 #탑다운

싱커루프 코늘리는 래글런라인 스퀘어넥 재킷

2단마다 코를 늘려가며 메리야스뜨기를 하면 래글런라인을 만들 수 있습니다. 줄을 세워 뜨는 방법으로 싱커루프를 들어 올려 왼쪽 또는 오른쪽으로 돌려뜨기로 코늘리는 방법을 익혀 봅시다.

완성치수
옷길이 38c, 가슴둘레 101c

재료
COTTON MIX 파란색(300g),
25mm 단추 4개, 18mm 단추 2개

사용바늘
5.5mm 대바늘, 6mm 대바늘,
표시핀 4개 이상

게이지
메리야스뜨기 사방 10c 13.5코 19단

❶ 사진 속 실과 비슷한 굵기의 소재를 준비합니다.
❷ 도안의 무늬뜨기를 확인하여 사방 10c의 스와치를 뜨고, 스티밍한 후 게이지와 동일한지 확인합니다. 사용바늘과 확인된 게이지를 기재합니다.

사용바늘	게이지

목둘레

1단 5.5mm 대바늘을 사용하여 손가락 걸어 코만들기 95코를 만들고 왕복뜨기한다.

2단 겉뜨기 95코

3단 겉뜨기 95코, 2단과 3단을 반복하여 10단까지 뜬다.

요크

돌려뜨기 코늘리기(오른쪽) 1코, 겉뜨기 2코, 돌려뜨기 코늘리기 (왼쪽) 1코는 ◇로 표기한다.

1단 6mm 대바늘을 사용하여 겉뜨기 95코

2단 겉뜨기 5코, 안뜨기 17코, 표시핀, 안뜨기 14코, 표시핀, 안뜨기 23코, 표시핀, 안뜨기 14코, 표시핀, 안뜨기 17코, 겉뜨기 5코(※그래프도안 참고 : ◇의 겉뜨기 2코 사이에 표시핀을 걸어두면 코늘리기 위치를 확인하기에 편리하다.)

3단 겉뜨기 21코, ◇, 겉뜨기 12코, ◇, 겉뜨기 21코, ◇, 겉뜨기 12코, ◇, 겉뜨기 21코

4단 겉뜨기 5코, 안뜨기, 겉뜨기 5코 (4단을 짝수단마다 반복하며 42단까지 뜬다.)

5단 겉뜨기 22코, ◇, 겉뜨기 14코, ◇, 겉뜨기 23코, ◇, 겉뜨기 14코, ◇, 겉뜨기 22코

7단 겉뜨기 23코, ◇, 겉뜨기 16코, ◇, 겉뜨기 25코, ◇, 겉뜨기 16코, ◇, 겉뜨기 23코

9단 겉뜨기 24코, ◇, 겉뜨기 18코, ◇, 겉뜨기 27코, ◇, 겉뜨기 18코, ◇, 겉뜨기 24코

11단 겉뜨기 25코, ◇, 겉뜨기 20코, ◇, 겉뜨기 29코, ◇, 겉뜨기 20코, ◇, 겉뜨기 25코

13단 겉뜨기 26코, ◇, 겉뜨기 22코, ◇, 겉뜨기 31코, ◇, 겉뜨기 22코, ◇, 겉뜨기 26코

15단 겉뜨기 27코, ◇, 겉뜨기 24코, ◇, 겉뜨기 33코, ◇, 겉뜨기 24코, ◇, 겉뜨기 27코

17단 겉뜨기 28코, ◇, 겉뜨기 26코, ◇, 겉뜨기 35코, ◇, 겉뜨기 26코, ◇, 겉뜨기 28코

19단 겉뜨기 29코, ◇, 겉뜨기 28코, ◇, 겉뜨기 37코, ◇, 겉뜨기 28코, ◇, 겉뜨기 29코

21단 겉뜨기 30코, ◇, 겉뜨기 30코, ◇, 겉뜨기 39코, ◇, 겉뜨기 30코, ◇, 겉뜨기 30코

23단 겉뜨기 31코, ◇, 겉뜨기 32코, ◇, 겉뜨기 41코, ◇, 겉뜨기 32코, ◇, 겉뜨기 31코

25단 겉뜨기 32코, ◇, 겉뜨기 34코, ◇, 겉뜨기 43코, ◇, 겉뜨기 34코, ◇, 겉뜨기 32코

27단 겉뜨기 33코, ◇, 겉뜨기 36코, ◇, 겉뜨기 45코, ◇, 겉뜨기 36코, ◇, 겉뜨기 33코

29단 겉뜨기 34코, ◇, 겉뜨기 38코, ◇, 겉뜨기 47코, ◇, 겉뜨기 38코, ◇, 겉뜨기 34코

31단 겉뜨기 35코, ◇, 겉뜨기 40코, ◇, 겉뜨기 49코, ◇, 겉뜨기 40코, ◇, 겉뜨기 35코

33단 겉뜨기 36코, ◇, 겉뜨기 42코, ◇, 겉뜨기 51코, ◇, 겉뜨기 42코, ◇, 겉뜨기 36코

35단 겉뜨기 37코, ◇, 겉뜨기 44코, ◇, 겉뜨기 53코, ◇, 겉뜨기 44코, ◇, 겉뜨기 37코

37단 겉뜨기 38코, ◇, 겉뜨기 46코, ◇, 겉뜨기 55코, ◇, 겉뜨기 46코, ◇, 겉뜨기 38코

39단 겉뜨기 39코, ◇, 겉뜨기 48코, ◇, 겉뜨기 57코, ◇, 겉뜨기 48코, ◇, 겉뜨기 39코

41단 겉뜨기 40코, ◇, 겉뜨기 50코, ◇, 겉뜨기 59코, ◇, 겉뜨기 50코, ◇, 겉뜨기 40코

42단 겉뜨기 5코, 안뜨기 245코, 겉뜨기 5코

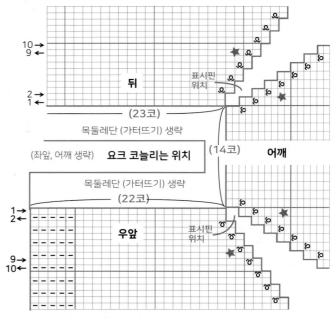

표시핀 위치

뒤

10→
9←

2→
1←

─── (23코) ───

목둘레단 (가터뜨기) 생략

(좌앞, 어깨 생략) **요크 코늘리는 위치**

(14코)

어깨

목둘레단 (가터뜨기) 생략

─── (22코) ───

1→
2→

우앞

9→
10←

표시핀 위치

ℓ 돌려뜨기 코늘리기

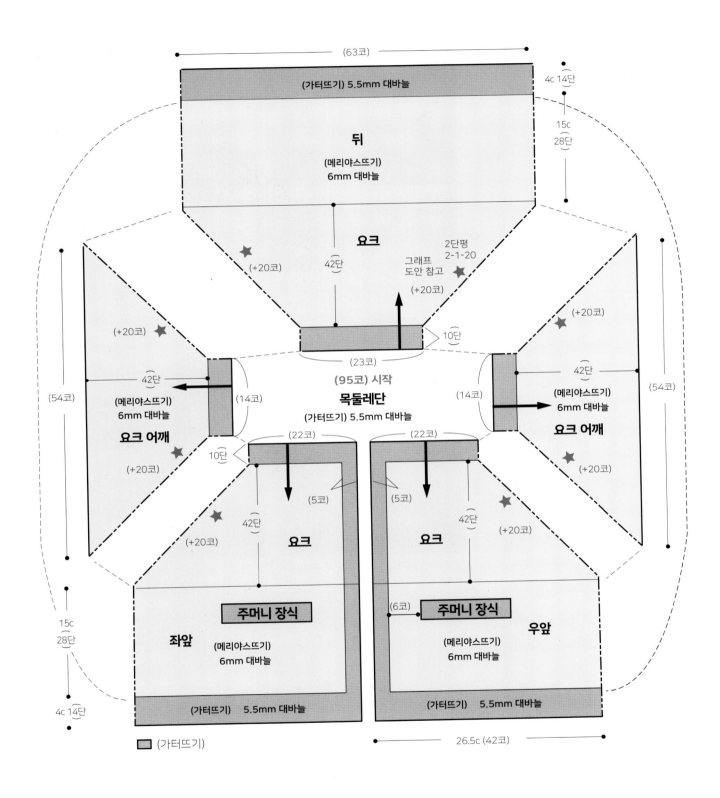

(63코)

4c 14단

15c
28단

(가터뜨기) 5.5mm 대바늘

뒤
(메리야스뜨기)
6mm 대바늘

요크

2단평
2-1-20

(+20코)

42단

그래프
도안 참고

(+20코)

(+20코)

(+20코)

42단

42단

(54코)

(메리야스뜨기)
6mm 대바늘

(+20코)

(54코)

(14코)

10단

(23코)

(95코) 시작
목둘레단
(가터뜨기) 5.5mm 대바늘

(14코)

(메리야스뜨기)
6mm 대바늘

요크 어깨

요크 어깨

10단

(+20코)

(22코)

(22코)

(+20코)

(5코)

(5코)

42단

(+20코)

42단

(+20코)

요크

요크

주머니 장식

주머니 장식

(6코)

좌앞

(메리야스뜨기)
6mm 대바늘

우앞

(메리야스뜨기)
6mm 대바늘

15c
28단

4c 14단

(가터뜨기) 5.5mm 대바늘

(가터뜨기) 5.5mm 대바늘

(가터뜨기)

26.5c (42코)

테크닉 사전
·
·

돌려뜨기 코늘리기(왼쪽 위) make 1 left

1. 오른쪽 바늘을 싱커루프의 뒤에서 앞으로 넣고 들어 올린다.

2. 싱커루프 가닥을 왼쪽 바늘에 걸어주고 오른쪽 바늘을 뒤쪽 가닥에 겉뜨기하듯이 넣는다.

3. 겉뜨기하듯이 뜬다.

4. 돌려뜨기 코늘리기(왼쪽 위)를 한 모습.

·
·

돌려뜨기 코늘리기(오른쪽 위) make 1 right

1. 오른쪽 바늘을 싱커루프의 앞에서 뒤로 넣고 들어 올린다.

2. 싱커루프 가닥을 왼쪽 바늘에 걸어준다.

3. 오른쪽 바늘을 싱커루프의 앞쪽 가닥에 겉뜨기하듯이 넣고 뜬다.

4. 돌려뜨기 코늘리기(오른쪽 위)를 한 모습.

분리 4개의 표시핀으로 분리된 좌앞, 어깨, 뒤, 어깨, 우앞 중에서 양쪽 어깨 54코는 각각 실에 꿰어 따로 쉬어 두고, 우앞 42코, 뒤 63코, 좌앞 42코은 순서대로 같은 바늘에 코를 옮겨 놓는다. 몸통 1단 뜨면서 옮겨도 무관하다.

몸통

1단 우앞, 뒤, 좌앞순으로 왕복뜨기로 겉뜨기 147코

2단 겉뜨기 5코, 안뜨기 137코, 겉뜨기 5코, 1단과 2단을 반복하여 28단까지 뜬다.

밑단

1단 5.5mm 대바늘로 바꿔 겉뜨기 147코, 1단을 반복하여 14단까지 뜬다. 안뜨기 덮어씌우기 코마무리한다.

앞, 뒤, 진동분리

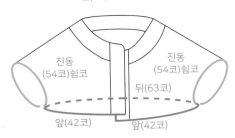

마무리

진동둘레단

1단 양쪽 어깨의 쉬어둔 코 54코를 5.5mm 대바늘에 옮기고, 앞, 뒤 연결된 옆단에서 2코를 코줍기해서 총 56코를 만든다.

2단 원통뜨기로 안뜨기

3단 원통뜨기로 겉뜨기, 2단과 3단을 반복하여 14단까지 뜬다. 안뜨기 덮어씌우기 코마무리한다.

주머니 장식(2매)

1단 5.5mm 대바늘을 사용하여 손가락 걸어 코만들기 22코를 만들고 왕복뜨기한다.

2단 겉뜨기 22코, 2단을 반복하여 8단까지 뜬다. 안뜨기 덮어씌우기 코마무리한다.
좌, 우 앞 해당 위치에 주머니 장식을 감침질한다.
우앞 해당 위치에 단추 4개, 주머니 장식에 작은 단추 1개를 각각 단다.

주머니 장식(2매)
(가터뜨기) 5.5mm 대바늘

2.5c 6단 ← 12c (22코) →

진동둘레단 (가터뜨기) 5.5mm 대바늘

14단 (56코) 4단 24단 (6코) (56코) 감침질

(54코) 쉼코, (2코)코줍기 주머니 장식

Modern & chic

Modern & elegant

Classic and casual

바텀업 · 그래프도안 보기 · 모아뜨기 · 고무뜨기 코만들기

기초뜨기를 뜨면서 아래에서 위로 떠올라가는 바텀업 방법으로 떠 보자.

목둘레와 진동을 양쪽의 바스트 포인트를 중심에서 줄여가는 방법과

줄을 세워 코를 줄이는 방법도 알아보자.

그리고 목둘레를 만드는 방법으로 감아코를 만들고 앞뒤를 연결하는 방법도 소개한다.

지금까지 손가락 걸어 코만들기, 감아코 만들기 등으로 시작코를 만들었다면,

앞뒤 모양이 같은 1코고무뜨기 코만들기에 도전해 보자.

니팅을 조금 떠보았다면 호기심을 가져보았을 1코고무뜨기 돗바늘 코마무리도 소개한다.

이 정도면 핸드니팅의 기본기가 완성되는 시점이다. 이제 핸드니팅을 즐겨 보자.

Cute and natural

Level
★ ★

핸드니팅의 즐거움이 더해가는 단계
도안 보고 뜨기 132% 완성

Spaghetti-Strap Top

큐티 앤 스포티지
스파게티 스트랩 탑

여성용 언더웨어 디자인으로 스파게티같이 얇은 끈을 달아 어깨를 노출시키는 스트랩 탑입니다. 고무뜨기 무늬로 되어 있어 탄력성이 높아 몸매를 자연스럽게 드러냅니다. 원통뜨기로 몸통의 입체감을 표현할 수 있는 핸드니팅의 매력이 충분히 드러나는 아이템으로 시스루 셔츠를 함께 코디하면 멋스러운 패션 리더가 됩니다. 점점 뜨기 실력이 향상되었다면 속도감 있는 니팅을 즐겨보세요.

#탱크탑 #바디핏 #니트탑 #기초뜨기

큐티 앤 스포티지 스파게티 스트랩 탑

겉뜨기 2코, 안뜨기 2코인 2코고무뜨기로 원통뜨기를 뜨며, 아래에서 위로 떠가는 바텀업입니다. 앞 목 부분과 진동을 중심에서 줄여가는 재미있는 무늬뜨기입니다. 바늘을 옮겨가며 뜨는 코드뜨기로 끈 만들기를 익힙니다. 조금씩 조금씩 완성해 나가는 즐거움이 있습니다.

완성치수
옷길이(끈 제외) 28c, 가슴둘레 FREE

재료
COTTON & POLY 연두색(100g)

사용바늘
4.5mm 대바늘

게이지
2코고무뜨기 사방 10c 25코 26단

① 사진 속 실과 비슷한 굵기의 소재를 준비합니다.
② 도안의 무늬뜨기를 확인하여 사방 10c의 스와치를 뜨고, 스티밍한 후 게이지와 동일한지 확인합니다. 사용바늘과 확인된 게이지를 기재합니다.

사용바늘	게이지

몸통

1단 4.5mm 대바늘을 사용하여 손가락 걸어 코만들기 196코를 만들고 원통뜨기로 뜬다.

2단 겉뜨기 1코, (안뜨기 2코, 겉뜨기 2코) 반복, 안뜨기 2코, 겉뜨기 1코, 2단을 반복하여 47단까지 뜬다.

48단 왕복뜨기로 뜬다(뜨개바탕을 뒤집어 안면을 보며 뜬다). 오른2코모아안뜨기, 겉뜨기 1코, (안뜨기 2코, 겉뜨기 2코) 반복, 안뜨기 2코, 겉뜨기 1코, 왼2코모아안뜨기

49단 겉뜨기 1코, 안뜨기 1코, (겉뜨기 2코, 안뜨기 2코) 반복, 안뜨기 1코, 겉뜨기 1코

50단 오른2코모아안뜨기, (안뜨기 2코, 겉뜨기 2코) 10회 반복, 안뜨기 3코, 104코 2코고무뜨기 덮어씌우기, 겉뜨기 1코, (안뜨기 2코, 겉뜨기 2코) 10회 반복, 안뜨기 2코, 왼2코 모아안뜨기

앞A

1단 겉뜨기 3코, (안뜨기 2코, 겉뜨기 2코) 4회 반복, 왼2코모아뜨기, 겉뜨기 2코, 오른2코모아뜨기, (겉뜨기 2코, 안뜨기 2코) 4회 반복, 겉뜨기 3코

2단 안뜨기 3코, (겉뜨기 2코, 안뜨기 2코) 3회 반복, 겉뜨기 2코, 안뜨기 1코, 왼2코모아안뜨기, 안뜨기 2코, 오른2코모아안뜨기, 안뜨기 1코, (겉뜨기 2코, 안뜨기 2코) 4회 반복, 안뜨기 1코

3단 겉뜨기 3코, (안뜨기 2코, 겉뜨기 2코) 3회 반복, 안뜨기 2코, 왼2코모아뜨기, 겉뜨기 2코, 오른2코모아뜨기, (안뜨기 2코, 겉뜨기 2코) 4회 반복, 겉뜨기 1코

4단 안뜨기 3코, (겉뜨기 2코, 안뜨기 2코) 3회 반복, 겉뜨기 1코, 왼2코모아안뜨기, 안뜨기 2코, 오른2코모아안뜨기, 겉뜨기 1코, (안뜨기 2코, 겉뜨기 2코) 3회 반복, 안뜨기 1코

3코, 기호도를 참고하여 14단까지 뜬다.

15단 겉뜨기 3코, 안뜨기 2코, 왼2코모아뜨기, 겉뜨기 2코, 오른2코모아뜨기, 안뜨기 2코, 겉뜨기 3코

16단 안뜨기 3코, 겉뜨기 1코, 왼2코모아안뜨기, 안뜨기 2코, 오른2코모아안뜨기, 겉뜨기 1코, 안뜨기 3코

17단 겉뜨기 3코, 왼2코모아뜨기, 겉뜨기 2코, 오른2코모아뜨기, 겉뜨기 3코

18단 안뜨기 2코, 왼2코모아안뜨기, 안뜨기 2코, 오른2코모아안뜨기, 안뜨기 2코

19단 겉뜨기 1코, 왼2코모아뜨기, 겉뜨기 2코, 오른2코모아뜨기, 겉뜨기 1코

20단 왼2코모아안뜨기, 안뜨기 2코, 오른2코모아안뜨기

21단 양면바늘(줄바늘)을 사용하여 겉뜨기 4코

22단 뜨개바탕을 뒤집지 않고 코를 밀어 겉뜨기 4코, 반복하여 원하는 길이의 끈이 될 때까지 뜬다.

앞B

해당하는 위치에 새 실을 연결하여 A(왼쪽 가슴)와 동일하게 뜬다.

마무리

끈 위치를 참조하여 2개의 끈을 코드뜨기해서 감침질로 고정한다.

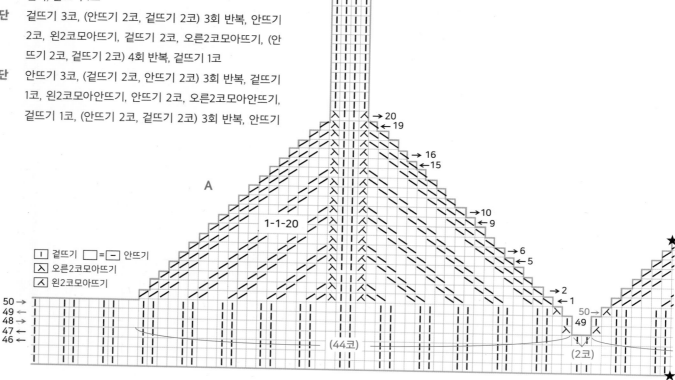

☐	겉뜨기	☐ = ☐	안뜨기
入	오른2코모아뜨기
人	왼2코모아뜨기

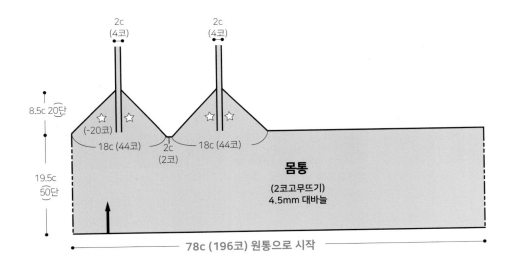

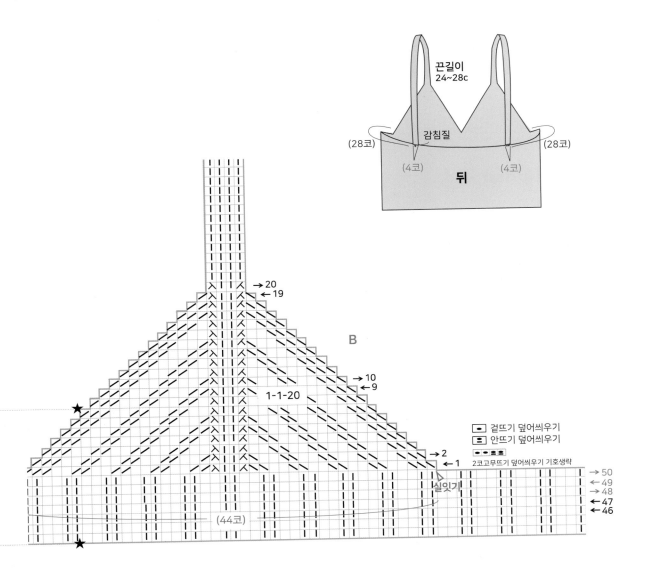

테크닉 사전

왼2코모아뜨기 (k2tog)

1. 바늘을 왼쪽에서부터 2코에 동시에 넣는다.

2. 2코를 한 번에 겉뜨기한다.

3. 왼2코모아뜨기한 모습.

오른2코모아뜨기 (skpo)

1. 앞의 코에 겉뜨기 뜨듯이 바늘을 넣어 코를 뜨지 않고 그대로 오른쪽 바늘로 옮긴다.

2. 다음의 코를 겉뜨기한다.

3. 뜨지 않고 옮긴 코에 왼쪽 바늘을 넣어 겉뜨기한 코에 덮어씌운다.

4. 오른2코모아뜨기를 한 모습.

왼2코 모아안뜨기 (p2tog)

1. 오른쪽 바늘을 앞 코에서부터 2코에 동시에 넣는다.

2. 2코를 한번에 안뜨기한다.

3. 왼2코 모아안뜨기한 모습.

오른2코 모아안뜨기 (skmp2tog)

1. 2코 가운데 왼쪽 코가 앞으로 오도록 순서를 바꾸기 위해 오른쪽 바늘을 넣어 코를 옮긴다.

2. 왼쪽 바늘을 넣어 코를 옮긴다.

3. 오른쪽 바늘을 넣어 2코를 한번에 안뜨기한다.

4. 오른2코 모아안뜨기한 모습.

코드 뜨기 (끈 뜨기) i - cord

1. 4코 겉뜨기한다.

2. 4코 겉뜨기한 모습.

3. 뜨개바탕을 뒤집지 않고 바늘의 반대편으로 코를 밀어 뜨기의 위치를 옮긴 다음, 다시 4코 겉뜨기한다. **3**을 반복한다.

American Armhole-Neck Vest
내추럴 앤 시크
아메리칸 암홀넥 베스트
_철길 위에서

니트의 유연함과 편안함, 희끗희끗한 색감, 숄더라인과 네크라인의 자연스러운 연결을 연출하는 아메리칸 암홀넥 베스트. 아메리칸 암홀넥 베스트는 셔츠, 정장 팬츠와 코디하면서 도시적이며 시크한 감성을 표현합니다. 샤 원단의 플레어스커트와도 잘 어우러져 더욱 퓨어한 분위기를 만들어 줍니다.

기차를 타고 지나온 자리를 바라보면 아득히 멀어지는 철길. <봄날> 뮤직비디오 속 그 철길의 원근감을 겉뜨기와 안뜨기를 활용해 표현했습니다. 탄력성 있는 텍스처의 느낌까지 더했습니다.

#봄날뮤직비디오 #철길이미지 #니트넥 #원통뜨기

내추럴 앤 시크 아메리칸 암홀넥 베스트

겉메리야스와 안메리야스뜨기의 단수가 줄어드는 변화를 확인하는 재미있는 핸드니팅입니다. 그리고 같은 단에서 양쪽 콧수를 줄이는 방법으로 진동을 줄여나가며 겉면에서의 모아뜨기와 안면에서의 모아뜨기를 정확히 확인하고 익힐 수 있습니다. 목둘레는 코줍기 방법이 아닌 목둘레의 쉼코를 연결하여 감아코를 만들어 뜹니다.

완성치수
옷길이 49c, 가슴둘레 92c

재료
MOHAIR 회색(200g)

사용바늘
5mm 대바늘, 6mm 대바늘

게이지
메리야스뜨기 사방 10c 14코 20단

❶ 사진 속 실과 비슷한 굵기의 소재를 준비합니다.
❷ 도안의 무늬뜨기를 확인하여 사방 10c의 스와치를 뜨고, 스티밍한 후 게이지와 동일한지 확인합니다. 사용바늘과 확인된 게이지를 기재합니다.

사용바늘	게이지

밑단

1단 5mm 대바늘을 사용하여 손가락 걸어 코만들기 128코를 원통뜨기한다.

2단 1코고무뜨기 64회 반복, 2단과 같이 14단까지 뜬다.

몸통

1단 6mm 대바늘로 바꿔 (안뜨기 1코, 겉뜨기 1코) 5회 반복, 안뜨기 45코, (겉뜨기 1코, 안뜨기 1코) 9회 반복, 겉뜨기 1코, 안뜨기 45코, (겉뜨기 1코, 안뜨기 1코) 4회 반복, 겉뜨기 1코, 1단을 반복하여 12단까지 뜬다.

13단 (안뜨기 1코, 겉뜨기 1코) 5회 반복, 겉뜨기 45코, (겉뜨기 1코, 안뜨기 1코) 9회 반복, 겉뜨기 45코, (겉뜨기 1코, 안뜨기 1코) 4회 반복, 겉뜨기 1코, 13단을 반복하여 22단까지 뜬다.

23단 (안뜨기 1코, 겉뜨기 1코) 5회 반복, 안뜨기 45코, (겉뜨기 1코, 안뜨기 1코) 9회 반복, 겉뜨기 1코, 안뜨기 45코, (겉뜨기 1코, 안뜨기 1코) 4회 반복, 겉뜨기 1코, 23단을 반복하여 32단까지 뜬다.

뒤진동

1단 1코고무뜨기 덮어씌우기 1코, (겉뜨기 1코, 안뜨기 1코) 4회 반복, 겉뜨기 1코, 겉뜨기 45코, (겉뜨기 1코, 안뜨기 1코) 4회 반복, 겉뜨기 1코, 나머지 64코는 쉬어둔다.

2단 안뜨기 1코, (겉뜨기 1코, 안뜨기 1코) 4회 반복, 안뜨기45코, (안뜨기 1코, 겉뜨기 1코) 4회 반복, 안뜨기 1코

3단 오른2코모아뜨기, (겉뜨기 1코, 안뜨기 1코) 3회 반복, 겉뜨기 1코, 왼2코모아뜨기, 겉뜨기 41코, 오른2코모아뜨기, (겉뜨기 1코, 안뜨기 1코) 3회 반복, 겉뜨기 1코, 왼2코모아뜨기

4단 안뜨기 2코, (겉뜨기 1코, 안뜨기 1코) 3회 반복, 안뜨기 43코, (안뜨기 1코, 겉뜨기 1코) 3회 반복, 안뜨기 2코, 기호도를 참고하여 8단까지 뜬다.

9단 겉뜨기 1코, (겉뜨기 1코, 안뜨기 1코) 3회 반복, 겉뜨기 1코, 왼2코모아안뜨기, 안뜨기 35코, 오른2코모아안뜨기, (겉뜨기 1코, 안뜨기 1코) 3회 반복, 겉뜨기 2코

10단 안뜨기 2코, (겉뜨기 1코, 안뜨기 1코) 3회 반복, 겉뜨기 37코, (안뜨기 1코, 겉뜨기 1코) 3회 반복, 안뜨기 2코

11단 겉뜨기 1코, (겉뜨기 1코, 안뜨기 1코) 3회 반복, 겉뜨기 1코, 왼2코모아안뜨기, 안뜨기 33코, 오른2코모아안뜨기, (겉뜨기 1코, 안뜨기 1코) 3회 반복, 겉뜨기 2코

12단 안뜨기 2코, (겉뜨기 1코, 안뜨기 1코) 3회 반복, 겉뜨기 35코, (안뜨기 1코, 겉뜨기 1코) 3회 반복, 안뜨기 2코, 기호도를 참고하여 16단까지 뜬다.

17단 겉뜨기 1코, (겉뜨기 1코, 안뜨기 1코) 3회 반복, 겉뜨기 1코, 왼2코모아안뜨기, 겉뜨기 27코, 오른2코모아뜨기, (겉뜨기 1코, 안뜨기 1코) 3회 반복, 겉뜨기 2코

18단 안뜨기 2코, (겉뜨기 1코, 안뜨기 1코) 3회 반복, 안뜨기 29코, (안뜨기 1코, 겉뜨기 1코) 3회 반복, 안뜨기 2코, 기호를 참고하여 32단까지 뜬다.

33단 겉뜨기 1코, (겉뜨기 1코, 안뜨기 1코) 3회 반복, 겉뜨기 1코, 왼2코모아안뜨기, 안뜨기 11코, 오른2코모아안뜨기, (겉뜨기 1코, 안뜨기 1코) 3회 반복, 겉뜨기 2코

34단 안뜨기 2코, (겉뜨기 1코, 안뜨기 1코) 3회 반복, 겉뜨기 13코, (안뜨기 1코, 겉뜨기 1코) 3회 반복, 안뜨기 2코

35단 겉뜨기 1코, (겉뜨기 1코, 안뜨기 1코) 3회 반복, 겉뜨기 1코, 왼2코모아안뜨기, 안뜨기 9코, 오른2코모아안뜨기, (겉뜨기 1코, 안뜨기 1코) 3회 반복, 겉뜨기 2코

36단 안뜨기 2코, (겉뜨기 1코, 안뜨기 1코) 3회 반복, 겉뜨기 11코, (안뜨기 1코, 겉뜨기 1코) 3회 반복, 안뜨기 2코

37단 겉뜨기 1코, (겉뜨기 1코, 안뜨기 1코) 3회 반복, 겉뜨기 1코, 왼2코모아뜨기, 겉뜨기 7코, 오른2코모아뜨기, (겉뜨기 1코, 안뜨기 1코) 3회 반복, 겉뜨기 2코

38단 안뜨기 2코, (겉뜨기 1코, 안뜨기 1코) 3회 반복, 안뜨기 9코, (안뜨기 1코, 겉뜨기 1코) 3회 반복, 안뜨기 2코

39단 겉뜨기 1코, (겉뜨기 1코, 안뜨기 1코) 3회 반복, 겉뜨기 1코, 왼2코모아안뜨기, 안뜨기 5코, 오른2코모아안뜨기, (겉뜨기 1코, 안뜨기 1코) 3회 반복, 겉뜨기 2코

40단 안뜨기 2코, (겉뜨기 1코, 안뜨기 1코) 3회 반복, 겉뜨기 7코, (안뜨기 1코, 겉뜨기 1코) 3회 반복, 안뜨기 2코

41단 겉뜨기 1코, (겉뜨기 1코, 안뜨기 1코) 3회 반복, 겉뜨기 1코, 왼2코모아뜨기, 겉뜨기 3코, 오른2코모아뜨기, (겉뜨기 1코, 안뜨기 1코) 3회 반복, 겉뜨기 2코

42단 안뜨기 2코, (겉뜨기 1코, 안뜨기 1코) 3회 반복, 안뜨기 5코, (안뜨기 1코, 겉뜨기 1코) 3회 반복, 안뜨기 2코. 21코를 쉬어둔다.

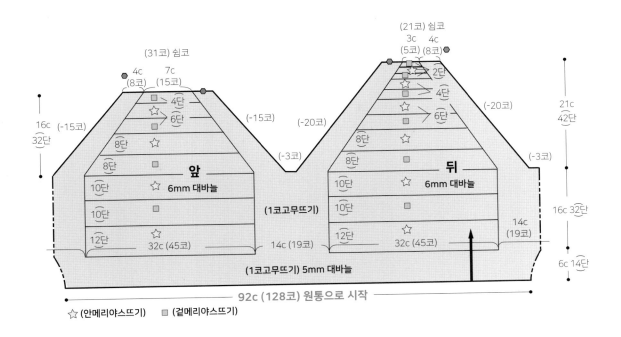

(31코) 쉼코

(21코) 쉼코
3c 4c
(5코) (8코)

4c 7c
(8코) (15코)

2단

4단
6단

4단
6단

8단

8단

8단

8단

앞 6mm 대바늘

뒤 6mm 대바늘

(-15코)
(-20코)

(-20코)

(-15코)

(-3코)

(-3코)

16c (-15코)
32단

21c 42단

16c 32단

10단

10단

10단

10단

(1코고무뜨기)

12단 32c (45코)

12단 32c (45코)

14c (19코)

14c (19코)

14c (19코)

6c 14단

(1코고무뜨기) 5mm 대바늘

— 92c (128코) 원통으로 시작 —

☆ (안메리야스뜨기) ■ (겉메리야스뜨기)

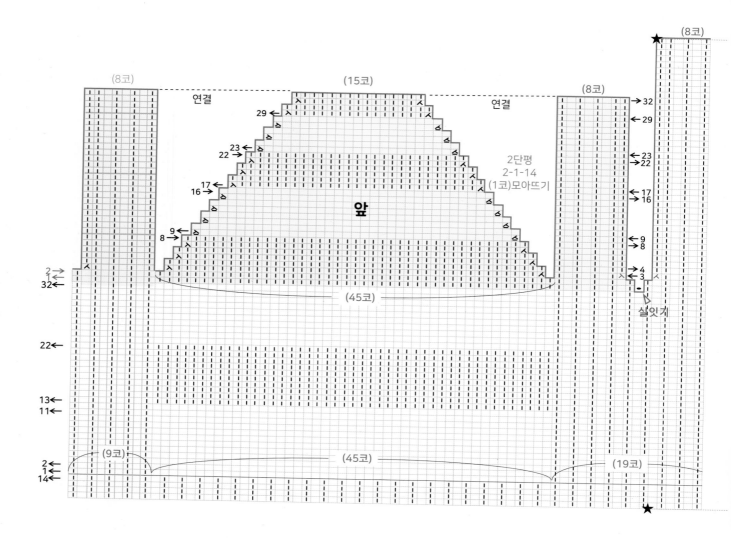

앞진동

해당하는 위치에 새 실을 연결하고 뒤의 32단까지 동일하게 뜬다.
31코를 쉬어둔다.

마무리

목둘레단

1단 5mm 대바늘을 사용하여 앞의 31코 겉뜨기, 감아코 22코,
뒤 21코 겉뜨기, 감아코 22코, 총 96코를 만들고 원통뜨기
한다.

2단 1코고무뜨기를 반복하여 14단까지 뜬다. 1코고무뜨기 덮어
씌우기 코마무리한다.

목둘레단
(1코고무뜨기) 5mm 대바늘

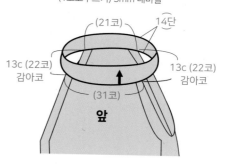

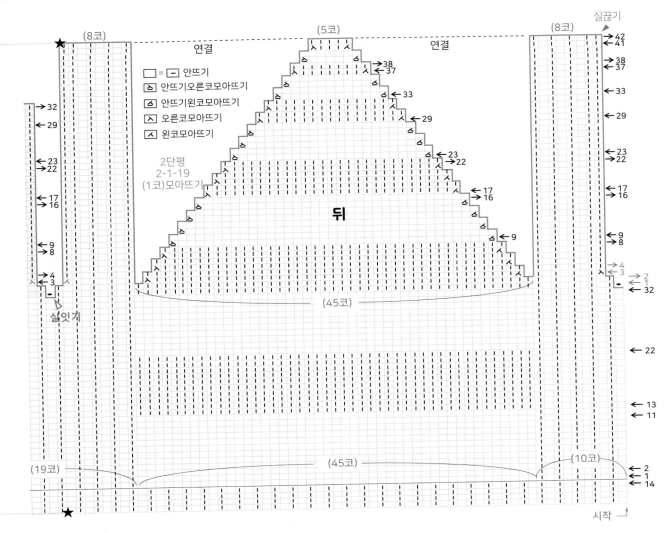

실끊기

(8코)　　　　　(5코)　　　　　(8코)

★

연결　　　　　　　연결

□ = □ 안뜨기
☐ 안뜨기오른코모아뜨기
☐ 안뜨기왼코모아뜨기
☐ 오른코모아뜨기
☐ 왼코모아뜨기

→32
←29

→38
←37

←33

←23
→22

←29

→17
→16

←23
→22

→9
→8

←17
←16

→4
←3

←9

뒤

살잇기

2단평
2-1-19
(1코)모아뜨기

→42
←41

→38
→37

←33

←29

←23
→22

→17
→16

→9
→8

→4
→3
→2
→1
←32

(45코)

←22

←13
←11

(19코)　　　　　(45코)　　　　　(10코)

←2
←1
←14

★

시작

Slashed-Neck Vest

끈 여밈
슬래시트넥 베스트 _수평선

별도사슬을 사용하여 코만들기, 돗바늘 마무리 등 고급 테크닉에 도전해 봅시다. 목선을 길게 뜬 형태를 뜻하는 슬래시트넥 베스트입니다.

옆은 꿰매지 않고 끈을 사용하여 연결하는데 이를 통해 자연스럽게, 좁고 긴 트임인 슬릿(slit)이 만들어집니다. 앞뒤 몸판에 길이 차이를 주어서 개성을 더했으며, 배색 색상을 자유롭게 선택하여 니팅해 보는 것도 좋습니다. <봄날> 뮤직비디오 속 저 멀리서 고요히 움직이는 수평선을 표현하기 위해 코발트블루와 흰 실로, 바다를 상징하는 마린무늬를 만들었습니다.

#봄날뮤직비디오 #심플베스트 #고무뜨기코만들기 #줄무늬뜨기 #마린무늬

끈 여밈 슬래시트넥 베스트

사각형의 실루엣으로 앞과 뒤를 각각 뜨고, 어깨를 연결하여 단추 장식을 한 다음 여밈끈을 달아 완성합니다. 양 끝 모두 겉 뜨기 2코인 경우의 1코고무뜨기 코만들기를 하고, 돗바늘 마무리 방법을 익힙니다. 또한 줄무늬뜨기의 색이 바뀌는 부분 에서 실을 엮어가며 뜨는 세로 배색기법의 기초를 익힐 수 있습니다. 첨부된 스케치를 활용해 색상 또는 소재를 바꿔 뜨면 또 다른 재미를 찾을 수 있습니다.

완성치수
옷길이 앞 45c, 어깨너비 38c

재료
WOOL 파란색(180g), 흰색(50g),
18mm 단추 4개

사용바늘
5mm 대바늘, 5.5mm 대바늘,
8/0호 코바늘

게이지
메리야스뜨기 사방 10c 17코 24단

❶ 사진 속 실과 비슷한 굵기의 소재를 준비합니다.
❷ 도안의 무늬뜨기를 확인하여 사방 10c의 스와치를 뜨고, 스티밍한 후 게이지와 동일한지 확인합니다. 사용바늘과 확인된 게이지를 기재합니다.

사용바늘	게이지

뒤

밑단

1,2단 5mm 대바늘을 사용하여 파란색 실로, 별도사슬로 만드는 1코고무뜨기 코만들기(양쪽 끝이 겉뜨기 2코인 경우) 73코를 만든다.

3단 겉뜨기 2코, 1코고무뜨기, 겉뜨기 2코

4단 안뜨기 2코, 1코고무뜨기, 안뜨기 2코, 3단과 4단을 반복하여 16단까지 뜬다.

몸통

1단 5.5mm 대바늘로 바꿔 겉뜨기 2코, (안뜨기 1코, 겉뜨기 1코) 2회 반복, 겉뜨기 8코, (왼2코 모아뜨기, 겉뜨기 6코, 왼2코모아뜨기, 겉뜨기 5코) 3회 반복, 왼2코모아뜨기, 겉뜨기 6코, (겉뜨기 1코, 안뜨기 1코) 2회 반복, 겉뜨기 2코

2단 안뜨기 2코, (겉뜨기 1코, 안뜨기 1코) 2회 반복, 안뜨기 54코, (안뜨기 1코, 겉뜨기 1코) 2회 반복, 안뜨기 2코

3단 겉뜨기 2코, (안뜨기 1코, 겉뜨기 1코) 2회 반복, 겉뜨기 54코, (겉뜨기 1코, 안뜨기 1코) 2회 반복, 겉뜨기 2코, 2단과 3단을 반복해서 28단까지 뜬다.

진동

1단 겉뜨기 2코, (안뜨기 1코, 겉뜨기 1코) 2회 반복, 흰색 실로 바꿔 겉뜨기 54코, 파란색 실로 바꿔 (겉뜨기 1코, 안뜨기 1코) 2회 반복, 겉뜨기 2코

2단 안뜨기 2코, (겉뜨기 1코, 안뜨기 1코) 2회 반복, 흰색 실로 바꿔 안뜨기 54코, 파란색 실로 바꿔 (안뜨기 1코, 겉뜨기 1코) 2회 반복, 안뜨기 2코, 1단과 2단을 반복해서 4단까지 뜬다.

5단 겉뜨기 2코, (안뜨기 1코, 겉뜨기 1코) 2회 반복, 겉뜨기 54코, (겉뜨기 1코, 안뜨기 1코) 2번 반복, 겉뜨기 2코

6단 안뜨기 2코, (겉뜨기 1코, 안뜨기 1코) 2회 반복, 안뜨기 54코, (안뜨기 1코, 겉뜨기 1코) 2회 반복, 안뜨기 2코, 5단과 6단을 반복해서 8단까지 뜬다. 1단에서 8단을 반복해서 52단까지 뜬다.

53단 겉뜨기 2코, (안뜨기 1코, 겉뜨기 1코) 2회 반복, 겉뜨기 54코, (겉뜨기 1코, 안뜨기 1코) 2회 반복, 겉뜨기 2코

54단 안뜨기 2코, (겉뜨기 1코, 안뜨기 1코) 2회 반복, 안뜨기 54코, (안뜨기 1코, 겉뜨기 1코) 2회 반복, 안뜨기 2코, 53단과 54단을 반복해서 74단까지 뜬다.

어깨

1단 5mm 대바늘로 바꿔 겉뜨기 2코, (안뜨기 1코, 겉뜨기 1코) 2회 반복, 늘려뜨기 1코, (겉뜨기 9코, 늘려뜨기 1코) 6회 반복, (겉뜨기 1코, 안뜨기 1코) 2회 반복, 겉뜨기 2코

2단 안뜨기 2코, 1코고무뜨기, 안뜨기 2코

3단 겉뜨기 2코, 1코고무뜨기, 겉뜨기 2코, 2단과 3단을 반복해서 8단까지 뜬다. 1코고무뜨기 돗바늘 코마무리를 한다.

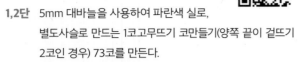

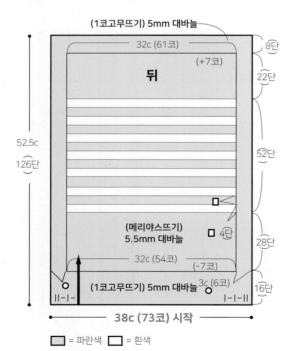

□ = 파란색 □ = 흰색

테크닉 사전
·
·

별도사슬로 만드는 1코고무뜨기 코만들기 (양 끝 모두 겉뜨기 2코인 경우)

  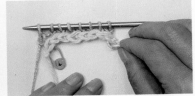

1. 별실을 사용하여 코바늘 8/0호로 사슬 뜨기 8코를 만든다. 15코를 만들 경우 계산식은 (15 + 1)÷2=8코이다.

2. 5.5mm 대바늘을 사용하여 8코 코줍기한다. (메리야스 1단)

3. 안뜨기 단(첫 코에 표시핀을 건다), 겉뜨기 1단을 뜬다. (메리야스 총3단)

4. 5mm 대바늘로 바꾸고, 표시핀이 걸린 싱커루프를 끌어올려 왼쪽 바늘에 걸어준 다음, 안뜨기한다.

5. 왼쪽 바늘에 걸린 코를 안뜨기한다.

6. 싱커루프를 끌어올려 왼쪽 바늘에 걸어주고 겉뜨기한다. **5**와 **6**을 반복한다.

7. 왼쪽 바늘의 끝에서 2번째 코를 안뜨기한다. 왼쪽 바늘과 싱커루프가 각각 1코씩 남은 상태이다.

8. 왼쪽 바늘의 끝 코를 오른쪽 바늘로 옮기고 싱커루프를 왼쪽 바늘로 끌어올린다.

9. 싱커루프가 걸린 왼쪽 바늘로 끝 코를 다시 옮긴 후, 2코를 한번에 안뜨기한다.

10. 1코고무뜨기 코만들기 양끝 모두 겉뜨기 2코인 경우로 15코를 만든 모습. 2단을 뜬 상태이다.

테크닉 사전
•
•

1코고무뜨기 돗바늘 코마무리 (양 끝 모두 겉뜨기 2코인 경우)

1. 돗바늘을 1번째 겉뜨기 코에 겉방향으로, 2번째 코에 안방향으로 통과시킨다.

2. 돗바늘을 1번째 겉뜨기 코에 다시 겉방향으로 통과시키고, 1번째 코를 왼쪽 바늘에서 벗겨낸다.

3. 돗바늘을 2번째 코 뒤로부터 2번째 코와 3번째 코 사이로 빼낸다.

4. 돗바늘을 3번째 코에 겉방향으로 통과시킨다.

5. 돗바늘을 2번째 코에 겉방향으로 통과시키고, 2번째 코를 왼쪽 바늘에서 벗겨낸다.

6. 돗바늘을 3번째 코 앞을 지나 4번째 코에 안방향으로 통과시킨다.

7. 돗바늘을 3번째 코에 안방향으로 통과시키고, 3번째 코를 왼쪽 바늘에서 벗겨낸다.

8. 돗바늘을 4번째 코 뒤로부터 4번째 코와 5번째 코 사이로 빼낸다.

9. 돗바늘을 5번째 코에 겉방향으로 통과시킨다. **5~9**를 마지막 3코가 남을 때까지 반복한다.

10. 돗바늘을 끝에서 3번째 코 앞을 지나 끝에서 2번째 코에 안방향으로 통과시킨다.

11. 돗바늘을 끝에서 3번째 코를 안방향으로 통과시키고 끝에서 2번째 코 뒤로해서 끝에서 1번째 코 역시 안방향으로 통과시킨다. 끝에서 3번째 코는 왼쪽 바늘에서 벗겨낸다.

12. 돗바늘을 끝에서 2번째 코 겉방향과 끝에서 1번째 코 안방향으로 통과시킨다.

앞

밑단

1,2단 5mm 대바늘을 사용하여 파란색 실로, 별도사슬로 만드는 1코고무뜨기 코만들기(양쪽 끝이 겉뜨기 2코인 경우) 로 73코를 만든다.

3단 겉뜨기 2코, (안뜨기 1코, 겉뜨기 1코) 34회 반복, 안뜨기 1코, 겉뜨기 2코

4단 안뜨기 2코, (겉뜨기 1코, 안뜨기 1코) 34회 반복, 겉뜨기 1코, 안뜨기 2코, 3단과 4단을 반복해서 8단까지 뜬다.

옆단

1단 5.5mm 대바늘로 바꿔 겉뜨기 2코, (안뜨기 1코, 겉뜨기 1코) 2회 반복, 겉뜨기 8코, (왼1코 모아뜨기, 겉뜨기 6코, 왼1코모아뜨기, 겉뜨기 5코) 3회 반복, 왼1코모아뜨기, 겉뜨기 6코, (겉뜨기 1코, 안뜨기 1코) 2회 반복, 겉뜨기 2코

2단 안뜨기 2코, (겉뜨기 1코, 안뜨기 1코) 2회 반복, 안뜨기 54코, (안뜨기 1코, 겉뜨기 1코) 2회 반복, 안뜨기 2코

3단 겉뜨기 2코, (안뜨기 1코, 겉뜨기 1코) 2회 반복, 겉뜨기 54코, (겉뜨기 1코, 안뜨기 1코) 2회 반복, 겉뜨기 2코, 2단과 3단을 반복해서 28단까지 뜬다.

진동

1단 겉뜨기 2코, (안뜨기 1코, 겉뜨기 1코) 2회 반복, 흰색 실로 바꿔 겉뜨기 54코, 파란색 실로 바꿔(겉뜨기 1코, 안뜨기 1코) 2회 반복, 겉뜨기 2코

2단 안뜨기 2코, (겉뜨기 1코, 안뜨기 1코) 2회 반복, 흰색 실로 바꿔 안뜨기 54코, 파란색 실로 바꿔(안뜨기 1코, 겉뜨기 1코) 2회 반복, 안뜨기 2코, 1단과 2단을 반복해서 4단까지 뜬다.

5단 겉뜨기 2코, (안뜨기 1코, 겉뜨기 1코) 2회 반복, 겉뜨기 54코, (겉뜨기 1코, 안뜨기 1코) 2회 반복, 겉뜨기 2코

6단 안뜨기 2코, (겉뜨기 1코, 안뜨기 1코) 2회 반복, 안뜨기 54코, (안뜨기 1코, 겉뜨기 1코) 2회 반복, 안뜨기 2코, 5단과 6단을 반복해서 8단까지 뜬다. 1단에서 8단을 반복해서 36단까지 뜬다.

37단 안겉뜨기 2코, (안뜨기 1코, 겉뜨기 1코) 2회 반복, 겉뜨기 54코, (겉뜨기 1코, 안뜨기 1코) 2회 반복, 겉뜨기 2코

38단 안뜨기 2코, (겉뜨기 1코, 안뜨기 1코) 2회 반복, 안뜨기 54코, (안뜨기 1코, 겉뜨기 1코) 2회 반복, 안뜨기 2코, 37단과 38단을 반복해서 64단까지 뜬다.

어깨

뒤 어깨와 동일

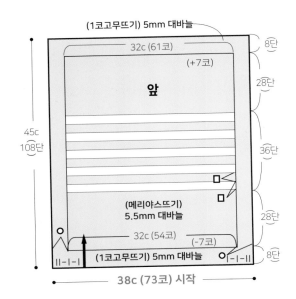

테크닉 사전
·
·

이중사슬뜨기 slip stitch cord

1. 코바늘로 기초코를 만든다. 이때 실자락은 원하는 이중사슬뜨기 길이의 3배 정도를 남긴다.

2. 실자락을 바늘 앞에서 뒤로 걸어놓고, 코바늘에 실을 건다.

3. 코바늘을 바늘에 걸린 실자락과 코 사이로 통과시킨다.

4. 2~3을 반복한다.

마무리

어깨 부분은 앞이 위로 가도록 뒤의 위로 겹치게 하고 안뜨기 부분을 홈질하여 고정시킨다. 양쪽에 단추 2개씩, 총 4개를 꿰매어 장식한다.

앞과 뒤의 해당 끈 위치에 파란색 실로 코줍기를 하고 이중사슬뜨기 30코로 약 34c의 끈을 총 4개 만든다.

라벨을 앞의 위치에 부착한다.

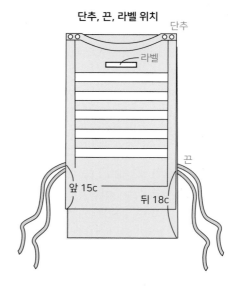

단추, 끈, 라벨 위치

바텀업과 탑다운·그래프도안 그리기·사이즈 변경·리얼스팀본

바텀업 기법과 탑다운 기법을 모두 즐겨 보자.

전개도의 증감기호와 핸드니팅 전용 그래프를 활용하여

단에 따른 코줄이는 방법을 직관적이고 한눈에 확인해 보자.

QR코드를 확인하면 진동줄이기, 목둘레줄이기, 어깨경사뜨기, 버림실을 활용한 어깨 잇는 방법,

답답하기만 했던 코줍기를 완전 정복할 수 있다.

그리고 콧수를 조절하거나 바늘을 조정하여 사이즈를 변경하는 방법을 알아보자.

깔끔한 핸드니팅을 완성하기 위한 리얼스팀본 활용에 대해서도 소개한다.

v-neck bottom up a

Round neck top down

Size S, M, L

핸드니팅의 즐거움이 더해가는 단계

도안 보고 뜨기 187% 완성

short & long

Level ★★★

Round-Neck Vest

실로 그림을 그리는
라운드넥 베스트
_슈즈드로잉

바텀업 방식의 진동줄이기, 목둘레 뜨기, 덮어씌워잇기, 코줍기 등 옷을 만드는 데 꼭 필요한 대표 기법을 마스터할 수 있는 라운드넥 베스트입니다. 어깨와 진동, 밑단에 컬러를 배색해 재미를 더했습니다. 단색으로 제작하고 스티치로 포인트를 주어서 더욱 매력적입니다.

뮤직비디오에서 강한 영감을 받은 슈즈 이미지를 직관적으로 자수를 이용해 표현했습니다. 중간에 멈출 수 없는 자수 놓기와 실로 니트에 그 끈을 묶어주면서 완성의 기쁨을 맛봅니다. 그림 그리기와 같습니다. 단색이어도 좋지만 다양한 색상으로 배색을 자유롭게 시도해 보세요.

#봄날뮤직비디오 #스티치 #신발이미지 #라운드넥 #진동줄이기 #메리야스자수

실로 그림을 그리는 라운드넥 베스트

바텀업 방식으로 아래에서 목둘레 부분으로 떠올라가며, 진동줄이기와 덮어씌워잇기, 코줍기를 익힐 수 있습니다. 별도실로 만드는 2코고무뜨기 코만들기도 즐겨봅시다. 다양한 응용이 가능한 스티치를 넣어 니팅의 즐거움을 더해보는 것도 추천합니다.

완성치수
옷길이 50c,
가슴둘레 92c, 어깨너비 33c

재료
WOOL 민트색(190g),
검은색(50g), 노란색(40g)

사용바늘
5.5mm 대바늘, 6mm 대바늘

게이지
메리야스뜨기 사방 10c 16코 23단

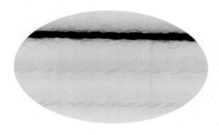

① 사진 속 실과 비슷한 굵기의 소재를 준비합니다.
② 도안의 무늬뜨기를 확인하여 사방 10c의 스와치를 뜨고, 스티밍한 후 게이지와 동일한지 확인합니다. 사용바늘과 확인된 게이지를 기재합니다.

사용바늘	게이지

뒤

밑단

1,2단 5mm 대바늘을 사용하여 별도사슬 사용, 2코고무뜨기(양쪽 끝이 겉뜨기 2코인 경우) 검은색 실로 코만들기 78코를 만든다.

3단 겉뜨기 2코, (안뜨기 2코, 겉뜨기 2코) 18회 반복, 안뜨기 2코, 겉뜨기 2코

4단 안뜨기 2코, (겉뜨기 2코, 안뜨기 2코) 18회 반복, 겉뜨기 2코, 안뜨기 2코, 3단과 4단을 반복하여 18단까지 뜬다. 노란색 실로 바꿔 24단까지 뜬다.

몸통

1단 6mm 대바늘로 바꿔 민트색 실로 겉뜨기 25코, 왼2코모아뜨기, 겉뜨기 24코, 왼2코모아뜨기, 겉뜨기 25코

2단 안뜨기

3단 겉뜨기, 2단과 3단을 반복하여 36단까지 뜬다.

진동, 목둘레와 어깨(우)

1단 겉뜨기 덮어씌우기 3코, 겉뜨기

2단 안뜨기 덮어씌우기 3코, 안뜨기

3단 오른2코모아뜨기, 덮어씌우기 1코, 겉뜨기

4단 오른2코모아안뜨기, 덮어씌우기 1코, 안뜨기, 3단과 4단을 반복하여 6단까지 뜬다.

7단 오른2코모아뜨기, 겉뜨기, 왼2코모아뜨기

8단 안뜨기, 7단과 8단을 반복하여 14단까지 뜬다.

15단 겉뜨기

16단 안뜨기, 15단과 16단을 반복하여 32단까지 뜬다.

33단 노란색 실로 바꿔 겉뜨기

34단 안뜨기, 33단과 34단을 반복하여 36단까지 뜬다.

37단 검은색 실로 바꿔 겉뜨기

38단 안뜨기, 37단과 38단을 반복하여 46단까지 뜬다.

47단 겉뜨기 15코, 나머지 코는 쉬어 둔다. 왼쪽 뒷목과 어깨는 아래에 별도로 기재한다.

48단 오른2코모아안뜨기, 안뜨기 덮어씌우기 2코, 안뜨기

49단 겉뜨기, 48단과 49단을 반복하여 51단까지 뜬다.

52단 안뜨기 5코, 4코 남겨 되돌아뜨기

53단 겉뜨기

54단 안뜨기를 뜨면서 단정리하고 버림뜨기 5단을 뜬다.

목둘레와 어깨(좌)

47단 쉬어둔 코를 바늘로 옮기고 겉뜨기 덮어씌우기 24코, 겉뜨기

48단 안뜨기

49단 오른2코모아뜨기, 겉뜨기 덮어씌우기 2코, 겉뜨기

50단 안뜨기, 49단과 50단을 반복하여 52단까지 뜬다.

53단 겉뜨기 5코, 4코 남겨 되돌아뜨기

54단 안뜨기

55단 겉뜨기를 뜨면서 단정리하고 버림뜨기 5단을 뜬다.

앞

밑단, 몸통

뒤 밑단, 몸통과 동일

진동, 목둘레와 어깨(우)

1단 겉뜨기 덮어씌우기 3코, 겉뜨기

2단 안뜨기 덮어씌우기 3코, 안뜨기

3단 오른2코모아뜨기, 겉뜨기 덮어씌우기 1코, 겉뜨기

4단 오른2코모아안뜨기, 안뜨기 덮어씌우기 1코, 안뜨기, 3단과 4단을 반복하여 6단까지 뜬다.

7단 오른2코모아뜨기, 겉뜨기, 왼2코모아뜨기

8단 안뜨기, 7단과 8단을 반복하여 14단까지 뜬다.

15단 겉뜨기

16단 안뜨기, 15단과 16단을 반복하여 28단까지 뜬다.

29단 (목둘레 시작) 노란색 실로 바꿔 겉뜨기 20코, 나머지 코는 쉬어 둔다. 왼쪽 앞목과 어깨는 아래에 별도로 기재한다.

30단 오른2코모아안뜨기, 안뜨기 덮어씌우기 3코, 안뜨기

31단 겉뜨기

32단 오른2코모아안뜨기, 안뜨기 덮어씌우기 1코, 안뜨기

33단 검은색 실로 바꿔 겉뜨기

34단 오른2코모아안뜨기, 안뜨기 덮어씌우기 1코, 안뜨기

35단 겉뜨기

36단 안뜨기

37단 겉뜨기, 왼2코모아뜨기

38단 안뜨기, 37단과 38단을 반복하여 42단까지 뜬다.

43단 겉뜨기

44단 안뜨기, 43단과 44단을 반복하여 47단까지 뜬다.

48단 안뜨기 5코, 4코 남겨 되돌아뜨기

49단 겉뜨기

50단 안뜨기를 뜨면서 단정리하고 버림뜨기 5단을 뜬다.

목둘레와 어깨(좌)

29단 쉬어둔 코를 바늘로 옮기고 노란색 실을 연결하여 겉뜨기 덮어씌우기 14코, 겉뜨기

30단 안뜨기

31단 오른2코모아뜨기, 겉뜨기 덮어씌우기 3코, 겉뜨기

32단 안뜨기

33단 검은색 실로 바꿔 오른2코모아뜨기, 겉뜨기 덮어씌우기 1코, 겉뜨기

34단 안뜨기

35단 오른2코모아뜨기, 겉뜨기 덮어씌우기 1코, 겉뜨기

36단 안뜨기

37단 오른2코모아뜨기, 겉뜨기

38단 안뜨기, 37단과 38단을 반복하여 42단까지 뜬다.

43단 겉뜨기

44단 안뜨기, 43단과 44단을 반복하여 48단까지 뜬다.

49단 겉뜨기 5코, 4코 남겨 되돌아뜨기

50단 안뜨기

51단 겉뜨기를 뜨면서 단정리하고 버림뜨기 5단을 뜬다.

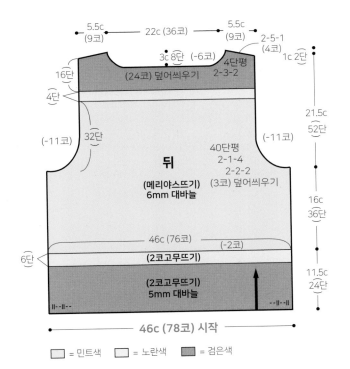

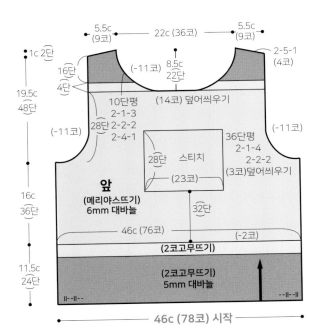

□ = 민트색   □ = 노란색   ■ = 검은색

마무리

뒤와 앞의 어깨를 덮어씌워잇기로 연결하고,
몸통의 옆선은 떠서 꿰매기한다.

목둘레단

1단 5mm 대바늘을 사용하여 검은색 실로 앞목 54코, 뒷목 42
코, 총 96코를 코줍기하고 원통뜨기를 한다.

2단 (겉뜨기 2코, 안뜨기 2코) 24회 반복, 2단을 반복하여 8단
까지 뜬다. 2코고무뜨기 덮어씌우기 코마무리한다.

진동둘레단

1단 5mm 대바늘을 사용하여 노란색 실로 76코를 코줍기하고
원통뜨기를 한다.

2단 (겉뜨기 2코, 안뜨기 2코) 24회 반복, 2단을 반복하여 3단
까지 뜬다.

4단 검은색 실로 바꿔 2단과 같이 8단까지 뜬다. 2코고무뜨기
덮어씌우기 코마무리한다.

스티치

앞의 해당 위치에 신발 이미지를 검은색 실로
스티치, 검은색 실로 신발끈처럼 코를 통과시켜
묶어준다.

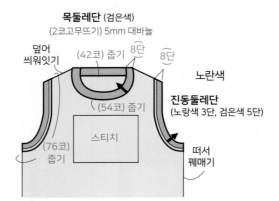

목둘레단 (검은색)
(2코고무뜨기) 5mm 대바늘

덮어
씌워잇기

(42코) 줍기   8단   8단

노란색

(54코) 줍기   **진동둘레단**
(노랑색 3단, 검은색 5단)

스티치

(76코)
줍기

떠서
꿰매기

스티치

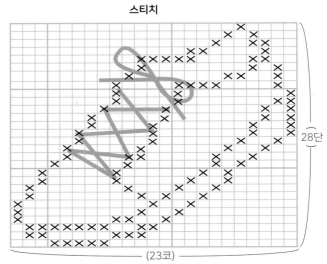

28단

(23코)

☒ = 스티치   ▬▬ = 실통과

테크닉 사전

별도사슬로 만든 2코고무뜨기 코만들기 (양쪽 끝이 겉뜨기 2코인 경우)

1. 2코고무뜨기 26코를 만들기 위해 먼저 별도실을 사용하여 코바늘로 사슬코 14코[(26+2)÷2=14]를 뜬다.

2. 고무뜨기를 뜨는 바늘보다 한 치수 굵은 바늘로 사용실을 사용하여 사슬코의 코산에 코줍기한다.

3. 안뜨기 단을 뜬다. 이때 첫 코에 표시핀을 걸어둔다.

4. 겉뜨기 단을 뜬다. 메리야스 3단을 뜬 모습.

5. 고무뜨기를 뜰 바늘로 바꾸고 왼쪽 바늘의 첫 코를 그대로 오른쪽 바늘로 옮긴다.

6. 표시핀이 걸려있는 가닥을 그대로 끌어올려 왼쪽 바늘에 걸어주고, 오른쪽 바늘로 옮긴 첫 코를 다시 왼쪽 바늘로 옮겨 두 코를 한번에 안뜨기한다.

7. 왼쪽 바늘의 코를 그대로 오른쪽 바늘로 옮긴다.

8. 별도사슬의 싱커루프를 그대로 끌어올려 왼쪽 바늘에 걸어주고, 오른쪽 바늘로 옮긴 코를 다시 왼쪽 바늘로 옮겨 두 코를 한번에 안뜨기한다.

9. 별도사슬의 싱커루프 그대로 끌어올려 왼쪽 바늘에 걸어주고, 겉뜨기한다. 한번 더 반복한다.

10. 왼쪽 바늘의 코를 안뜨기한다. 한번 더 반복한다.

11. 9~10을 끝까지 반복한다.

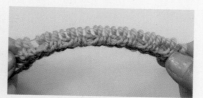

12. 양쪽 끝이 겉뜨기 2코인 2코고무뜨기 기초코 26코를 뜬 모습.

니팅 리포트
:

Understanding Schematics & Chart

전개도, 그래프도안 보고 뜨기

아래의 전개도를 보면 코단의 변화를 2-1-3, 2-2-2와 같이 숫자로 표기하는데, 이를 그래프도안으로 옮겨 활용해 뜨는 방법을 설명합니다. 아래는 바텀업 방식의 슈즈 드로잉 앞판의 도안입니다. 오른쪽과 왼쪽 목둘레줄이는 부분을 구분하기 위해 다른 색상을 사용해 뜹니다. 실제 제작할 경우 도안의 색상을 확인하여 핸드니팅 하세요. 그리고 뒤판 도안 보고 뜨기를 하면서 이 과정을 잘 익혔는지 확인해 보세요.

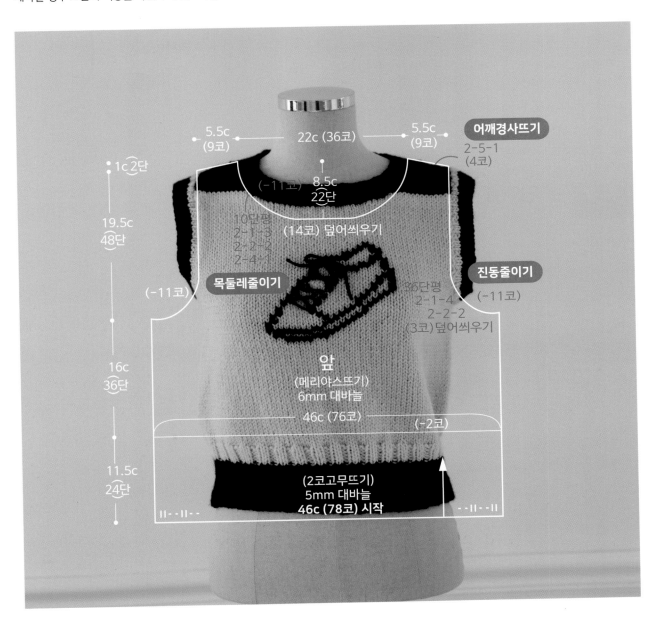

진동줄이기

진동줄이기 그래프입니다. 뜨기 진행 방향과 기호를 직접 파란선 위에 그려보면서 전개도의 증감 표시와 변화되는 코, 단을 확인해 보세요. 진동의 경우 2코 이상의 코줄임이 있으면, 왼쪽을 1단 늦게 뜹니다.

진동 텍스트 도안

1단 겉뜨기 덮어씌우기 3코, 겉뜨기

2단 안뜨기 덮어씌우기 3코, 안뜨기

3단 오른2코모아뜨기, 겉뜨기, 덮어씌우기 1코, 겉뜨기(겉면 2-2-1회분)

4단 오른2코모아안뜨기, 덮어씌우기 1코, 안뜨기(안면 2-2-1회분)

5단 오른2코모아뜨기, 겉뜨기, 덮어씌우기 1코, 겉뜨기(겉면 2-2-2회분)

6단 오른2코모아안뜨기, 덮어씌우기 1코, 안뜨기(안면 2-2-2회분)

7단 오른2코모아뜨기(겉면 2-1-1회분), 겉뜨기, 왼2코모아뜨기(겉면 2-1-1회분),

8단 안뜨기, 7단과 8단을 반복하여 14단까지 (겉면 2-1-4회분, 겉면 2-1-4회분) 뜬다.

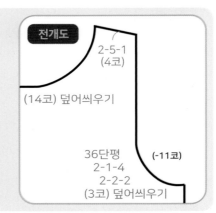

전개도

2-5-1 (4코)

(14코) 덮어씌우기

36단평
2-1-4
2-2-2
(3코) 덮어씌우기

(-11코)

증감 기호를 그래프노트에 미리 그려 확인해 보면 보다 명료하게 뜨기를 진행할 수 있습니다.

줄이기 숫자는 니팅 방향에 따라 아래에서 위로 보면서 해석합니다.

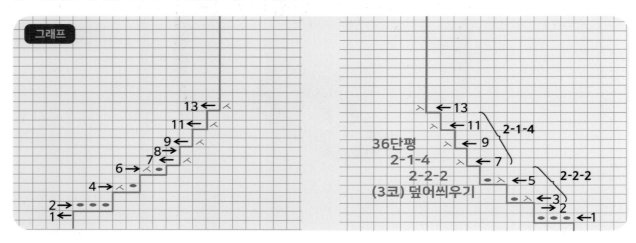

그래프

진동줄이기 완성된 왼쪽과 오른쪽 모습

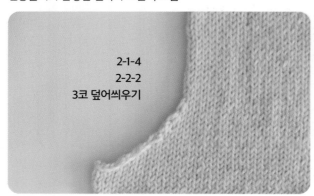

2-1-4
2-2-2
3코 덮어씌우기

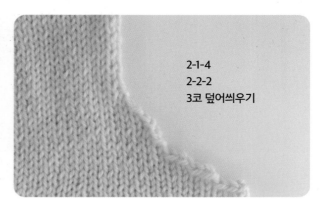

2-1-4
2-2-2
3코 덮어씌우기

진동줄이기 진행 모습

뜨기 방향인 아래에서 위로 사진을 배열하였습니다. 줄임 콧수와 뜨기 완성 모습을 비교해 보세요.

7. 2-1-4: 2단째 1코줄이기 4회 반복한 왼쪽 모습.

8. 2-1-4: 2단째 1코줄이기 4회 반복한 오른쪽 모습.

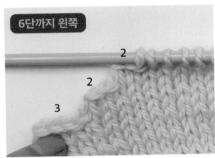

6. 2-2-2: 2단째 2코줄이기 2회 반복한 왼쪽 모습.

5. 2-2-2: 2단째 2코줄이기 2회 반복한 오른쪽 모습.

3. 2단까지 뜬 안면 왼쪽 모습.

4. 2단까지 뜬 안면 오른쪽 모습.

2. 3코 안뜨기 덮어씌우기한 모습.

1. 3코 겉뜨기 덮어씌우기한 모습.

오른쪽 앞 목둘레, 경사뜨기, 버림뜨기

앞 목둘레 오른쪽 코줄이기 그래프입니다. 뜨기 진행방향과 기호를 직접 파란선 위에 그려보면서 전개도의 증감 표시와 변화되는 코, 단을 확인해 보세요. 목둘레나 어깨의 경우, 2-5-1(4코) 2코 이상의 코늘림이나 코줄임이 있으면 오른쪽을 1단 먼저 뜹니다.

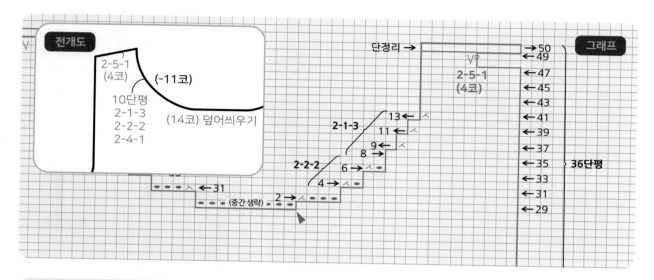

오른쪽 목둘레 텍스트 도안

30단   오른2코모아안뜨기, 안뜨기 덮어씌우기 3코, 안뜨기(2-4-1회분)

31단   겉뜨기

32단   오른2코모아안뜨기, 안뜨기 덮어씌우기 1코, 안뜨기(2-2-1회분)

33단   겉뜨기

34단   오른2코모아안뜨기, 안뜨기 덮어씌우기 1코, 안뜨기(2-2-2회분)

35단   겉뜨기

36단   안뜨기

37단   겉뜨기, 왼2코모아뜨기(2-1-1회분)

38단   안뜨기, 37단과 38단을 반복(2-1-2회분, 총 3회 2-1-3) 42단까지 뜬다.

오른쪽 어깨경사뜨기, 버림뜨기 텍스트 도안

48단   안뜨기 5코, 4코 남겨 되돌아뜨기

49단   바늘비우기, 걸러뜨기, 겉뜨기 4코

50단   9코를 안뜨기로 단정리하고 버림뜨기 5단을 뜬다.

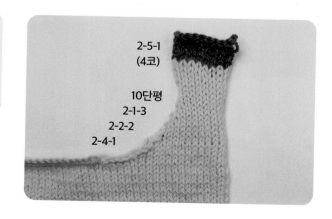

오른쪽 목둘레

1. 진동둘레를 떠 나아가다가 오른쪽 앞 목둘레 겉뜨기 20코를 뜨고 나머지 코는 쉬어 둔다.

2. 뜨개바탕을 돌리고 안쪽면에서 2-4-1를 한다.

3. 2-2-2한 모습.

4. 2-1-3한 모습.

5. 8단평까지 한 모습.

오른쪽 어깨경사뜨기, 버림뜨기

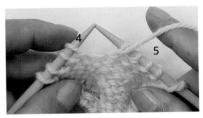

1. 안뜨기 5코를 뜨고 4코를 남긴다.

2. 뜨개바탕을 돌리고 바늘비우기, 걸러뜨기 한다.

3. 단 정리: 바늘비우기 전까지 안뜨기 5코를 뜬다.

4. 바늘비우기와 그다음 코의 순서를 바꾼 다음, 모아뜨기하고 끝까지 뜬다.

경사뜨기가 완성된 겉면

경사뜨기가 완성된 안면

5. 별도 실로 메리야스뜨기 5단을 뜨는 버림뜨기를 한다.

127

왼쪽 앞 목둘레, 경사뜨기, 버림뜨기

앞 목둘레 왼쪽 코줄이기 그래프입니다. 뜨기 진행 방향과 기호를 직접 파란선 위에 그려보면서 전개도의 증감 표시와 변화되는 코, 단을 확인해 보세요.

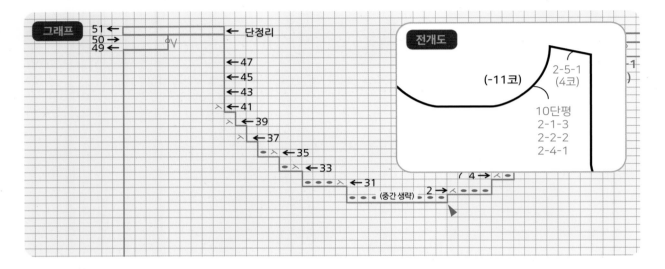

왼쪽 목둘레 텍스트 도안

29단	쉬어둔 코를 바늘로 옮기고 실색상 바꿔 실잇기, 겉뜨기 덮어씌우기 14코, 겉뜨기
30단	안뜨기
31단	오른2코모아뜨기, 겉뜨기 덮어씌우기 3코, 겉뜨기(2-4-1회분)
32단	안뜨기
33단	오른2코모아뜨기, 겉뜨기 덮어씌우기 1코, 겉뜨기(2-2-1회분)
34단	안뜨기
35단	오른2코모아뜨기, 겉뜨기 덮어씌우기 1코, 겉뜨기(2-2-2회분)
36단	안뜨기
37단	오른2코모아뜨기(2-1-1회분), 겉뜨기
38단	안뜨기, 37단과 38단을 반복(2-1-2회분, 총 3회)

왼쪽 어깨경사뜨기, 버림뜨기 텍스트 도안

49단	겉뜨기 5코, 4코 남겨 되돌아뜨기(4코분)
50단	바늘비우기, 걸러뜨기, 안뜨기 4코
51단	9코를 겉뜨기로 단 정리하고 버림뜨기 5단을 뜬다.(2-2-1회분)

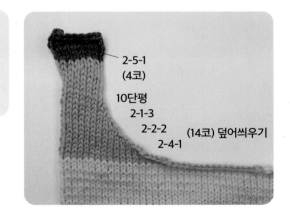

니팅 리포트

Seaming

덮어씌워잇기

덮어씌워잇기 ── (42코) 줄기

1. 앞뒤 몸판의 겉면끼리 마주 보도록 해서 위에 앞 몸판이 올라오도록 겹쳐놓는다.

2. 몸판의 오른쪽부터 연결하기 위해 앞뒤 몸판의 버림뜨기 부분을 안쪽으로 접어 맞대어 놓는다.

3. 앞 몸판의 왼쪽 첫 코 싱커루프에 바늘을 집어넣는다. 이때 바늘은 한쪽이 막히지 않은 바늘이나 줄바늘이며 몸판을 뜨던 바늘보다 한 치수 작은 바늘을 사용한다.

4. 뒤 몸판의 첫 코 싱커루프에 뒤로부터 앞으로 바늘을 집어넣고 앞 몸판의 싱커루프를 통해 빼낸다.

5. 뒤 몸판의 싱커루프가 앞 몸판의 싱커루프를 통해 빼내어져 바늘에 걸려있는 모습.

6. 버림뜨기를 당겨보면서, 모든 코가 바늘에 걸려있는지 확인한다.

7. 바늘의 끝 방향을 오른쪽 코로 이동한다.

8. 겉뜨기 덮어씌우기한다.

9. 전체 코를 겉뜨기 덮어씌우기해서 덮어씌워잇기한 모습.

10. 몸판의 왼쪽도 동일하게 덮어씌워잇기 한 모습. 몸판의 왼쪽은 몸판의 오른쪽과 동일하나 위 8~10과 다르게 왼쪽 코부터 안뜨기 덮어씌우기한다.

11. 버림뜨기를 모두 풀어낸다.

12. 겉면에서 본 어깨잇기한 모습.

니팅 리포트

Picking Stitches
코줍기

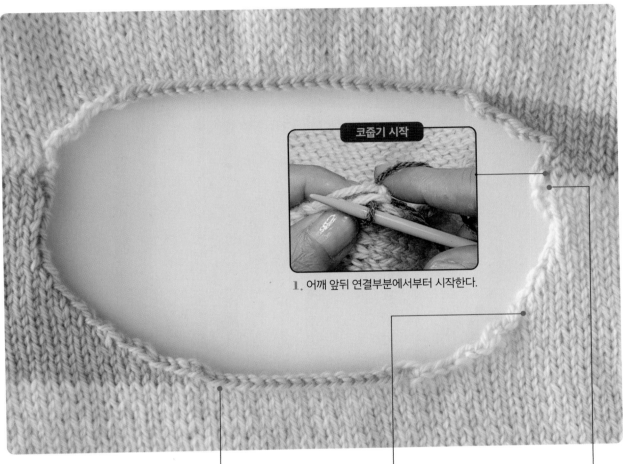

코줍기 시작

1. 어깨 앞뒤 연결부분에서부터 시작한다.

코 부분

4. 코 부분에는 코의 V 가운데에 바늘을 넣어 코줍기한다.

2코모아뜨기 부분

3. 2코모아뜨기한 부분은 모아뜨기가 된 코의 아래의 코 중간에 바늘을 넣어 코줍기한다.

단 부분

2. 단에서 코줍기는 코와 코 사이에 바늘을 넣고 코줍기한다.

Body Fit Boat-Neck Top

몸에 맞춰 뜨는
보트넥 탑

옷길이를 살짝 짧게 끌어 올려서 더 스포티해 보이도록 만든 보트넥 탑입니다. 바텀업 방식으로 제작했지만 중간중간 내 몸에 맞는지 꼼꼼하게 확인해가며 완성하기 바랍니다. 홈트, 요가, 러닝을 즐길 때 레깅스 위에 툭 걸치고 컨버스 운동화를 신어도 잘 어울립니다.

#보트넥 #바텀업 #일상 #기초베스트 #뜨개도안보기

몸에 맞춰 뜨는 보트넥 탑

앞에서 배운 베스트의 진동줄이기를, 전개도를 보며 혼자서 떠 나갈 수 있는지 확인해 봅시다. 실의 굵기를 확인하며 소재를 바꿔 떠보면서 도안을 활용해 보고, 덮어씌워잇기, 코줍기 등도 연습해 봅시다. 더불어 그래프용지에 '단 - 코 - 회'를 그려보며 뜨는 방법도 확인합니다. 이제 점점 전개도만 보고도 니팅을 할 수 있습니다.

완성치수

옷길이 34.5c,
가슴둘레 88c, 어깨너비 31c

재료

COTTON MIX 오렌지색(110g)

사용바늘

3.5mm 대바늘, 4mm 대바늘

게이지

메리야스뜨기 사방 10c 19코 24단

❶ 사진 속 실과 비슷한 굵기의 소재를 준비합니다.

❷ 도안의 무늬뜨기를 확인하여 사방 10c의 스와치를 뜨고, 스티밍한 후 게이지와 동일한지 확인합니다. 사용바늘과 확인된 게이지를 기재합니다.

사용바늘	게이지

뒤

밑단

1, 2단 3.5mm 대바늘을 사용하여 별도사슬로 만드는 1코고무뜨기 코만들기 (오른쪽 끝이 겉뜨기 2코, 왼쪽 끝이 겉뜨기 1코인 경우) 76코를 만든다.

3단 겉뜨기 2코, (안뜨기 1코, 겉뜨기 1코) 37회 반복

4단 (안뜨기 1코, 겉뜨기 1코) 37회 반복, 안뜨기 2코, 3단과 4단을 반복하여 6단까지 뜬다.

몸통

1단 겉뜨기 7코, (돌려뜨기 코늘리기, 겉뜨기 8코, 돌려뜨기로 코늘리기, 겉뜨기 8코, 돌려뜨기 코늘리기, 겉뜨기 7코) 3회 반복

2단 안뜨기

3단 겉뜨기, 2단과 3단을 반복하여 34단까지 뜬다.

진동

1단 겉뜨기 덮어씌우기 4코, 겉뜨기

2단 안뜨기 덮어씌우기 4코, 안뜨기

3단 오른2코모아뜨기, 겉뜨기 덮어씌우기 2코, 겉뜨기

4단 오른2코모아안뜨기, 안뜨기 덮어씌우기 2코, 안뜨기

5단 오른2코모아뜨기, 겉뜨기 덮어씌우기 1코, 겉뜨기

6단 오른2코모아안뜨기, 안뜨기 덮어씌우기 1코, 안뜨기

7단 오른2코모아뜨기, 겉뜨기, 왼2코모아뜨기

8단 안뜨기

9단 오른2코모아뜨기, 겉뜨기, 왼2코모아뜨기

10단 안뜨기

11단 겉뜨기

12단 안뜨기

13단 오른2코모아뜨기, 겉뜨기, 왼2코모아뜨기

14단 안뜨기

15단 겉뜨기, 14단과 15단을 반복하여 38단까지 뜬다.

목둘레(우)

39단 겉뜨기 13코, 나머지 코는 쉬어둔다.

40단 오른2코모아안뜨기, 안뜨기 덮어씌우기 2코, 안뜨기

41단 겉뜨기

42단 오른2코모아안뜨기, 안뜨기 덮어씌우기 2코, 안뜨기

43단 겉뜨기

44단 안뜨기, 버림뜨기 5단을 뜬다.

목둘레(좌)

39단 쉬어둔 코를 바늘에 옮기고, 새 실을 연결하여, 겉뜨기 덮어씌우기 35코, 겉뜨기

40단 안뜨기

41단 오른2코모아뜨기, 겉뜨기 덮어씌우기 2코, 겉뜨기

42단 안뜨기

43단 오른2코모아뜨기, 겉뜨기 덮어씌우기 2코, 겉뜨기

44단 안뜨기, 버림뜨기 5단을 뜬다.

앞

밑단

뒤 밑단과 동일

몸통

뒤 몸통과 동일

진동

뒤 진동의 20단까지 동일

목둘레(우)

21단 겉뜨기 19코, 나머지 코는 쉬어둔다.

22단 오른2코모아안뜨기, 안뜨기 덮어씌우기 2코, 안뜨기

23단 겉뜨기

24단 오른2코모아안뜨기, 안뜨기 덮어씌우기 1코, 안뜨기

25단 겉뜨기

26단 안뜨기

27단 겉뜨기, 오른2코모아뜨기

28단 안뜨기, 27단과 28단을 반복하여 38단까지 뜬다.

39단 겉뜨기

40단 안뜨기

41단 겉뜨기, 오른2코모아뜨기

42단 안뜨기

43단 겉뜨기

44단 안뜨기, 버림뜨기 5단을 뜬다.

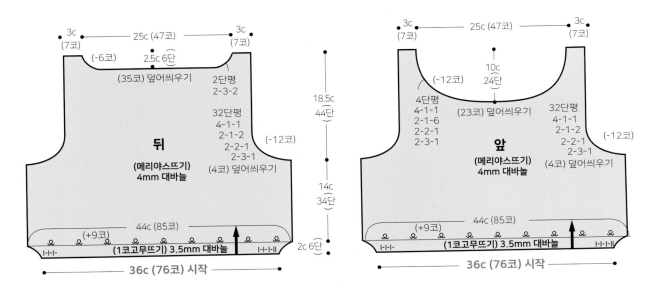

뒤

3c
(7코) — 25c (47코) — 3c
(7코)

(-6코)
2.5c 6단
(35코) 덮어씌우기
2단평
2-3-2

32단평
4-1-1
2-1-2
2-2-1
2-3-1
(-12코)
(4코) 덮어씌우기

(메리야스뜨기)
4mm 대바늘

44c (85코)
(+9코)
(1코고무뜨기) 3.5mm 대바늘

36c (76코) 시작

18.5c
44단

14c
34단

2c 6단

앞

3c
(7코) — 25c (47코) — 3c
(7코)

(-12코)
10c
24단
(23코) 덮어씌우기

4단평
4-1-1
2-1-6
2-2-1
2-3-1

32단평
4-1-1
2-1-2
2-2-1
2-3-1
(-12코)
(4코) 덮어씌우기

(메리야스뜨기)
4mm 대바늘

44c (85코)
(+9코)
(1코고무뜨기) 3.5mm 대바늘

36c (76코) 시작

그래프노트에 진동둘레, 목둘레 코단 변화를 그려보자.

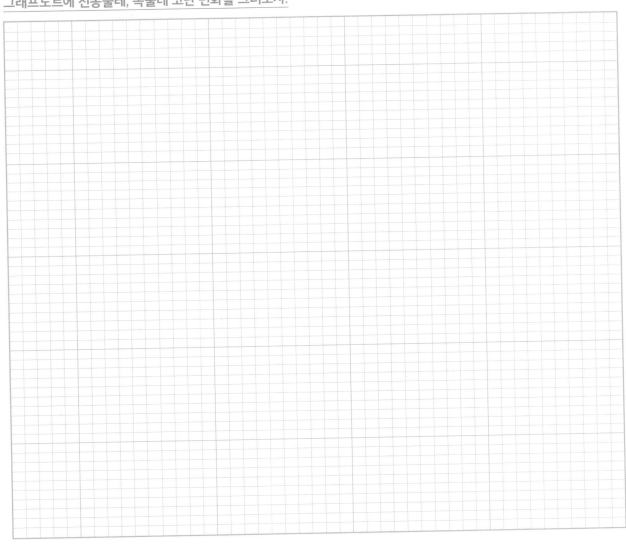

목둘레(좌)

21단	쉬어둔 코를 바늘에 옮겨 겉뜨기 덮어씌우기 23코, 겉뜨기
22단	안뜨기
23단	오른2코모아뜨기, 겉뜨기 덮어씌우기 2코, 겉뜨기
24단	안뜨기
25단	오른2코모아뜨기, 겉뜨기 덮어씌우기 1코, 겉뜨기
26단	안뜨기
27단	안뜨기 덮어씌우기 4코, 안뜨기
28단	오른2코모아뜨기, 겉뜨기 덮어씌우기 2코, 겉뜨기
39단	겉뜨기
40단	안뜨기
41단	오른2코모아뜨기, 겉뜨기
42단	안뜨기
43단	겉뜨기
44단	안뜨기, 버림뜨기 5단을 뜬다.

마무리

뒤와 앞의 어깨를 덮어씌워잇기로 연결하고 옆선은 떠서 꿰매기
한다.

목둘레단

1단	3.5mm 대바늘을 사용하여 앞 63코, 뒤 53코, 총 116코를 코줍기하고, 원통뜨기를 뜬다.
2단	1코고무뜨기를 반복하여 6단까지 뜬다. 1코고무뜨기 돗바늘 코마무리한다.

진동둘레단

1단	3.5mm 대바늘을 사용하여 진동둘레에서 40코를 코줍기하고, 원통뜨기를 뜬다.
2단	1코고무뜨기 반복, 2단을 반복하여 6단까지 뜬다. 1코고무뜨기 돗바늘 코마무리한다.

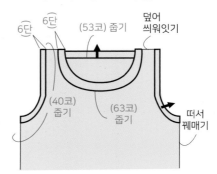

목둘레단, 진동둘레단

(1코고무뜨기) 3.5mm 대바늘

6단 6단 (53코) 줍기 덮어
씌워잇기

(40코)
줍기 (63코)
줍기 떠서
꿰매기

테크닉 사전

1코고무뜨기 옆선 꿰매기 (오른쪽이 겉뜨기 2코, 왼쪽이 겉뜨기 1코인 경우)

1. 돗바늘로 오른쪽 뜨개바탕의 코마무리 1코 안쪽의 코를 뜬다.

2. 왼쪽 뜨개바탕의 코마무리 1코 안쪽의 코를 뜬다.

3. 오른쪽 뜨개바탕의 1번째 코(겉뜨기)와 2번째 코(겉뜨기) 사이의 싱커루프를 뜬다.

4. 왼쪽 뜨개바탕의 1번째 코(겉뜨기)와 2번째 코(안뜨기) 사이의 싱커루프를 뜬다.

5. 3~4를 반복한다.

메리야스 뜨기 옆선 꿰매기

1. 뜨개바탕을 안면끼리 마주 보게 하고 한쪽 뜨개바탕의 1번째 코와 2번째 코 사이의 싱커루프를 돗바늘로 떠낸다.

2. 다른 한쪽의 뜨개바탕의 1번째 코와 2번째 코 사이의 싱커루프를 돗바늘로 떠낸다. **1~2**를 반복한다.

니팅 리포트

Sizes

완성 사이즈

도안의 준비 사항에는 반드시 완성 사이즈(완성치수)가 기재되어 있습니다. 이 책에는 신체 사이즈인 가슴둘레 84c를 기준으로 스타일에 따라 여유분을 더해 완성 사이즈를 결정한 디자인 도안을 실었습니다.

핸드니팅으로 베스트를 만들어 착용하려면 착용자의 신체 사이즈를 알아야 합니다. 그런 다음 착용자의 개별 취향, 유행, 베스트 스타일 등을 고려하여 여유분을 더해 완성 사이즈를 결정합니다. 핸드니팅은 완성된 옷을 입는 것이 아니라 직접 만들기 때문에 착용하는 사람에 따라 완성 사이즈를 다르게 제작할 수 있습니다.

여러 치수 중 베스트에 꼭 필요한 치수는 '등길이'와 '가슴둘레'입니다. 신체를 측정하여 옷길이, 가슴둘레, 어깨너비 등의 사이즈를 c 단위로 기록합니다. 줄자를 사용한 신체 측정을 '치수재기(채촌, 採寸)'라고 합니다. 신체 사이즈 측정법을 알아봅시다.

■ 신체 사이즈 재기

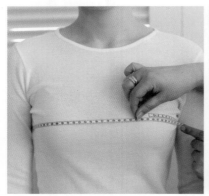

가슴둘레

등길이

가슴둘레 가슴의 가장 높은 곳인 B.P(Bust Point)점과 등을 수평으로 한 바퀴 돌려 잰 둘레입니다. 줄자가 수평으로 돌려졌는지 꼭 확인하세요.

등길이 팔을 내리고 손에 달걀을 쥔 자세에서 뒷목 중심점(일반적으로 고개를 숙이면 튀어나오는 7경추)에서 허리라인까지의 직선 길이를 잽니다. 등을 따라 곡선으로 재지 않습니다. 허리에 끈을 감아 묶어두면 허리선을 쉽게 확인할 수 있습니다.

여유분은 줄자를 사용하여 얼마만큼 여유를 주면 좋을지 가늠해 보거나 기존에 입었던 옷들을 펼쳐놓고 확인해 비교하면 쉽게 알 수 있습니다. 만들려고 하는 옷이 책에 나온 도안의 수치와 같다면 그대로 따라 뜨면 되지만 아닌 경우가 있습니다. 사이즈를 변경하는 방법은 도안을 그대로 활용하면서 사이즈를 바꾸는 간단한 방법과 콧수, 단수를 더하고 빼서 변경하는 방법이 있습니다.

■ 옷 사이즈 재기

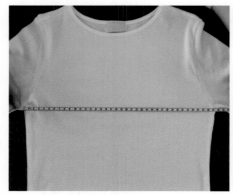

가슴둘레

등길이

① 바늘 굵기 조정

대바늘뜨기의 경우 바늘 굵기를 0.5mm 정도 크게 하거나 작게 하면, 하나의 코가 가로세로 약 9% 정도 커지거나 작아진다는 통계가 있습니다. 이를 이용해 작품의 전체 사이즈를 바꿀 수 있습니다.

도안의 가슴둘레가 95c에 사용바늘이 5.5mm인데 내가 만들고자 하는 옷의 가슴둘레는 105c라고 예를 들어보겠습니다. 간단하게 사용바늘을 6mm로만 바꾸면 95c의 약 9%인 9.5c가 커진 104.5c의 가슴둘레로 만들 수 있다는 계산이 나옵니다. 이때 가슴둘레만 아니라 옷길이도 약 9% 길어진다는 점 기억해 주세요.

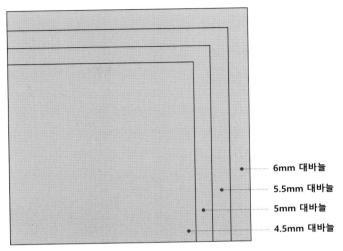

6mm 대바늘
5.5mm 대바늘
5mm 대바늘
4.5mm 대바늘

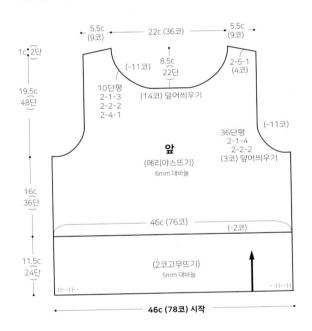

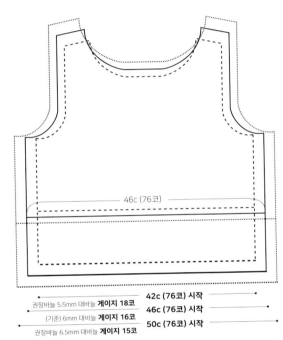

고정된 코수를 기준으로 게이지의 변화에 따른 치수(cm)의 오차 0.5~2코(양끝 2코 포함)

권장바늘 5.5mm 대바늘 **게이지 18코**
(기준) 6mm 대바늘 **게이지 16코**
권장바늘 6.5mm 대바늘 **게이지 15코**

42c (76코) 시작
46c (76코) 시작
50c (76코) 시작

하지만 이런 간단한 사이즈 변경에는 단점이 있습니다. 바늘 굵기 차이가 많이 나는 경우 텍스처에 영향을 줘서 질감이나 무늬 이미지가 변할 수 있다는 점입니다. 따라서 0.5mm 이상 초과하여 변화를 주지 않는 것이 좋습니다. 또한 단수나 콧수의 변화 역시 도안의 디자이너가 구상했던 옷의 전체적인 밸런스를 무너뜨릴 수 있습니다. 목둘레나 진동둘레가 줄어들어 착용이 힘든 경우도 생깁니다. 즉, 간단한 사이즈 변경은 가급적 0.5mm를 굵게, 또는 가늘게 선택하여 변경이 전체 작품에 영향이 가지 않도록 해야 합니다.

도안이 4.5mm 바늘을 사용할 경우 사이즈의 변경은 4~5mm 범위에서 선택하고 스와치를 제작해 도안의 게이지 수치를 비교한 후 제작하세요. 도안의 콧수대로 제작하되 게이지의 변화를 주어 직관적으로 확인할 수 있는 리얼스팀본(143쪽)에 대해 한 번 더 설명하겠습니다.

② 도안의 콧수 수정

도안의 게이지를 일치시킨 후 사이즈를 변경하는 방법입니다. 진동둘레, 목둘레와 같이 코 변화가 있는 부분을 제외한 콧수를 수정하는 것이
편리합니다. 진동둘레의 증감 콧수는 그대로 활용합니다. 어깨와 목둘레에서 줄이는 콧수가 일치하도록 진동줄이기에서 늘어난 콧수만큼을
더 줄입니다. 베스트 디자인에서는 이러한 방법이 전체적인 디자인 흐름에 큰 영향을 주지 않습니다.

예를 들어 내가 즐겨 입는 옷의 가슴둘레 사이즈가 105c, 도안의 가슴둘레는 94c이고, 뒤판 너비가 46c라면, '105c / 2 = 52.5c, 52.5c −
46c = 6.5c' 6.5c만큼의 콧수를 앞뒤로 각각 더하여 시작합니다. 그리고 도안의 단수 수정 역시 옷길이를 길게 하거나 짧게 할 때 사용합니다.
주로 진동이 시작되는 부분부터 옷 끝까지의 직선 부분에서 단수를 수정하는 것이 편리합니다.

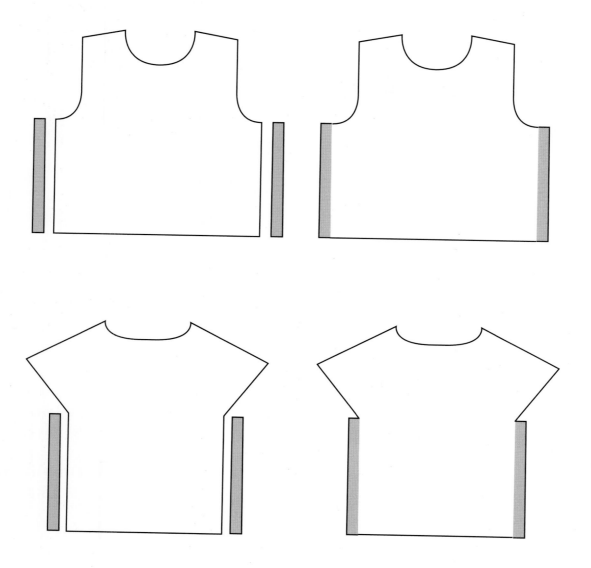

니팅 리포트

Real-steam Template

리얼스팀본 활용

'리얼스팀본'이란 핸드니팅 전용 실제 크기의 옷본이며 '옷패턴'이라고도 합니다. 처음 핸드니팅을 시작해서 도안만 보고 뜰 때는 콧수와 단수만 확인하면서 제작하게 됩니다. 이럴 경우 수작업이어서 시간과 환경, 상황에 따라 뜨개코의 크기가 일정하지 않을 수 있고 도안의 코와 단의 숫자에만 의존하여 핸드니팅을 하기 때문에 게이지조차 고르지 않을 수 있습니다.

실 굵기를 맞추고 스와치를 제작하고 도안의 게이지와 맞춰 시작하였더라도, 뜨던 중에 그 게이지가 계속해 유지되고 있는지 꼭 확인해야 합니다. 핸드니팅은 수작업이므로 오랜 시간 진행되기도 하며 게이지가 변하면 사이즈도 달라진다는 것을 꼭 기억하세요.

뜨기를 하면서 입어보는 즐거움은 핸드니팅의 또 다른 즐거움입니다. 그러나 직접 입어보면서 확인하는 것은 부정확하거나 번거로울 수 있고, 다른 사람의 옷을 제작할 경우 실제 확인이 어려울 수 있습니다. 사이즈가 맞지 않는 니트를 착용했을 때 뜨개바탕이 늘어나 낭패를 보는 경우도 있습니다.

이때 리얼스팀본을 활용하면 게이지의 변화로 사이즈가 달라지고 있는지 아닌지 쉽게 확인할 수 있고, 니트가 정확한 목표대로 만들어지고 있음을 확인할 수 있어 안정감을 줍니다. 리얼스팀본을 준비해 리얼스팀본에 맞춰가며 떠 나아가는 것이 핸드니팅의 정석입니다.

가끔 "어떤 것이 잘 뜬 뜨개인가요?"라는 질문을 받습니다. 더러 기계처럼 올이 고르게 나오면 잘 뜬 것이라 답하는 분도 있습니다. 필자는 만드는 분이 상상하고 사이즈 와 디자인이 의도한 대로 완성되었을 때, 잘된 뜨개라 생각합니다. 그러므로 더불어 상상 속에 있는 완성 이미지를 미리 확인해 볼 수 있도록 스타일화와 도식화를 첨부해 두었습니다. 색을 칠하고 무늬를 그려 넣어 만들어 나갈 완성품을 시각화해 보세요.

리얼스팀본 활용의 장점

불특정 다수가 제작하는 핸드니팅의 과정에서 결과물의 유연성과 우연성을 직관적으로 확인할 수 있습니다. 오랜 시간동안 제작되는 결과물에 명료한 근거가 되므로 변화된 뜨개바탕을 확인하고 해결할 수 있습니다.

보통 착용자의 사이즈를 확인하고 시작하였더라도 제작 도중에 직접 착용해 봐야 하는데, 리얼스팀본은 직접 착용해서 확인하지 않아도 사이즈가 확인되어 편리합니다.

직관적인 사이즈 확인

제작 중 또는 완성 시 게이지의 변화는 눈으로 식별하는 것은 어려움이 있습니다. 치수를 재는 도구 없이 리얼스팀본에 맞춰보면 뜨개바탕의 사이즈와 게이지의 변화를 한눈에 알아볼 수 있어 편리합니다.

비대칭인 뜨개바탕 확인

목둘레와 어깨뜨기를 뜰 때, 실을 끊은 다음 다시 실을 연결하고 나머지 한쪽의 목둘레와 어깨를 제작합니다. 특히 브이넥의 경우는 양쪽이 대칭되는지 꼭 확인해야 합니다. 그리고 2장 이상의 동일한 사이즈를 만들 때, 예를 들어 한쪽 소매를 뜨고 다시 같은 크기의 소매를 제작하는 경우 장갑, 양말 등 작은 소품이라도 크기가 맞지 않을 수 있습니다.

뜨개바탕 스티밍 보조도구

완성 라인을 따라 뜨개바탕을 고정하고 스티밍하여 뜨개바탕을 완성합니다.

다음 페이지에서 스티밍 방법을 알아보겠습니다.

니팅 리포트

Steaming

뜨개바탕 스티밍

뜨개바탕은 탑다운 방식처럼 전체가 한 번에 완성되는 경우도 있고, 바텀업 방식과 같이 순서에 따라 한 조각, 한 조각, 작품의 부분을 완성하기도 합니다. 이때 반드시 거쳐야 하는 작업이 '스티밍'입니다. 작품의 조각들을 꿰매고 이어 연결하기 전에 리얼스팀본을 다림판 위에 놓고, 그 위에 뜨개바탕을 둔 다음 핀으로 고정하여 스티밍합니다. 아래 사진을 확인해 주세요.

1. 다림판 위에 리얼스팀본을 놓고, 그 위에 해당하는 뜨개바탕을 놓는다.

2. 부분별로 시침핀을 사용하여 다림판에 고정한다. 이때 시침핀 사이의 간격은 1.5cm 전후가 바람직하다.

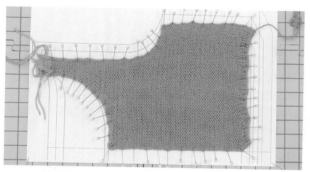

3. 시침핀을 꽂은 모습.

4. 스티머(또는 스팀다리미)를 사용하여 촘촘하게 스팀한다. 다림질하듯 뜨개바탕에 압력을 주지 않는다.

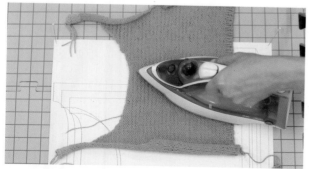

5. 스팀한 상태로 응달에서 뜨개바탕이 마를 때까지 시침핀을 꽂은 채로 둔다. 마르면 시침핀을 빼고 중앙에 접혀있던 부분을 스팀으로 펴준다.

스티밍은 다림질이 아닙니다. 스티밍은 원단처럼 구김을 없애거나 라인을 선명하게 해주는 작업에 그치지 않습니다. 뜨개바탕 안에 얽혀 있는 실들에 캐릭터를 부여하는 중요한 일입니다. 핸드니팅에 사용하는 모든 실은 소비자에게 소비되기 전, 생산 과정에서 최종적으로 한 볼, 한 볼 자연스럽게 감기도록 가공됩니다. 그런데 핸드니팅을 하면서 우리는 이 실들이 다시 여러 모습으로 얽히고, 꼬여 있도록 재가공합니다. 그러다 보니 실은 자신의 본모습인 한 볼, 한 볼 상태로 돌아가려 하기에 핸드니팅을 마친 뜨개바탕은 어색하게 들떠 있거나 고르지 않고 삐뚤삐뚤해 보입니다. 이 모양을 보고 '내가 아직 핸드니팅을 잘못하나'라는 생각을 하기도 합니다. 스티밍은 새롭게 만들어진 뜨개바탕에서의 실의 상태가 자신의 형태가 되도록 재구성해 줍니다. 이것이 실의 새로운 캐릭터이며 이를 확인하려면 스티밍을 한 뜨개바탕을 다시 풀어 실의 상태를 살펴봐야 합니다.

■ 스티밍을 할 때 주의할 사항

촘촘한 간격

뜨개바탕을 고정시키는 시침핀 간격이 너무 넓어서는 안 됩니다. 권장 시침핀 간격은 1~1.5c입니다. 성인의 몸판 정도만 되어도 100개 정도의 시침핀이 필요하다는 계산이 나옵니다. 하지만 절대 귀찮다고 생각하지 말아주세요. 시침핀 간격이 너무 넓으면 뜨개바탕의 조여들려는 힘으로 인해 시침핀이 꽂힌 부분만 반듯하고 사이사이는 흐트러지거나 가지런함이 흔들릴 수 있습니다.

직접 마찰 금지

다림질하듯 뜨개바탕에 압력을 가해서는 안 됩니다. 굳이 다림질이라고 하지 않고 '스티밍'이라고 부르는 이유도 여기에 있습니다. 뜨개바탕에 스팀 압력을 직접 마찰해서 가하면 뜨개바탕 자체의 무늬나 입체적인 텍스처가 사라집니다. 특히 교차무늬처럼 도드라지는 느낌의 뜨개바탕이 마치 원단처럼 반듯해지므로 핸드니팅의 장점이 사라져 버립니다. 이 점 꼭 기억해 주세요.

스티밍까지 했다면 뜨개바탕은 완성됐다고 할 수 있습니다. 이제 다음은 잇고 꿰매는 것입니다. 뜨개기법을 부분적으로만 이해했다면 완성 다이제스트를 통해 통합적인 베스트 제작의 뜨개기법을 확인하세요.

V-Neck Dropped Shoulder Vest

자이언트
브이넥 드롭숄더 베스트

기본적인 베스트 아이템입니다. 브이넥은 라운드넥보다 목 깊이가 있어 얼굴이 작아 보이고, 목선이 깔끔해 보이는 효과가 있습니다. 몸판의 베이스 컬러와 목둘레단의 컬러만 변화를 주어도 멋지게 완성할 수 있습니다. 무난한 색상을 선호한다면 만능 컬러를 알아두고, 대표적인 핸드니팅 기법과 함께 다양한 작품에 응용해 보세요.

#브이넥 #체형커버 #기본베스트 #일상

자이언트 브이넥 드롭숄더 베스트

지금까지 둥근형의 넥라인을 만들었다면, 이제 브이넥 목둘레를 만들어 봅시다. 어깨경사뜨기를 어떻게 하는지 단 - 코 - 회 증감 표기를 그래프에 그려 보는 것이 좋습니다. 텍스트도안 보고 뜨기와 그림도안 보고 뜨기도 비교해 봅시다. 브이넥 라인을 뜰 때 왼쪽, 오른쪽이 정확한 대칭이 되어야 하므로 단수를 꼼꼼히 확인하며 완성도를 높입니다. 리얼스팀본을 활용하면 대칭되는 뜨개바탕의 늘어짐 또는 당겨뜨기 등 게이지의 변화를 간편하고 직관적으로 확인할 수 있습니다.

완성치수
옷길이 49.5c, 가슴둘레 104c

재료
WOOL 남색(280g), 회색(20g),
흰색(10g)

사용바늘
4.5mm 대바늘, 5.5mm 대바늘

게이지
메리야스뜨기 사방 10c 17.5코 24단

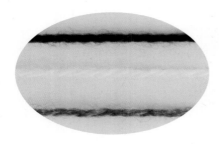

① 사진 속 실과 비슷한 굵기의 소재를 준비합니다.
② 도안의 무늬뜨기를 확인하여 사방 10c의 스와치를 뜨고, 스티밍한 후 게이지와 동일한지 확인합니다. 사용바늘과 확인된 게이지를 기재합니다.

사용바늘	게이지

뒤

밑단

1, 2단 4.5mm 대바늘을 사용하여 남색 실로, 별도사슬로 만드는 1코고무뜨기 코만들기(양쪽 끝이 겉뜨기 2코인 경우) 91코를 만든다.

3단 겉뜨기 2코, 1코고무뜨기, 겉뜨기 2코

4단 안뜨기 2코, 1코고무뜨기, 안뜨기 2코, 3단과 4단을 반복하여 8단까지 뜬다.

밑단과 몸통

1단 4.5mm 대바늘을 사용하여 겉뜨기 2코, 안뜨기 1코, 겉뜨기 1코, 안뜨기 1코, 5.5mm 대바늘로 바꿔 겉뜨기 81코, 4.5mm 대바늘을 사용하여 안뜨기 1코, 겉뜨기 1코, 안뜨기 1코, 겉뜨기 2코

2단 4.5mm 대바늘을 사용하여 안뜨기 2코, 겉뜨기 1코, 안뜨기 1코, 겉뜨기 1코, 5.5mm 대바늘로 바꿔 안뜨기 81코, 4.5mm 대바늘을 사용하여 겉뜨기 1코, 안뜨기 1코, 겉뜨기 1코, 안뜨기 2코, 1단과 2단을 반복하여 8단까지 뜬다.

몸통

1단 5.5mm 대바늘을 사용하여 겉뜨기 91코

2단 안뜨기 91코, 1단과 2단을 반복하여 46단까지 뜬다.

진동

1단 5.5mm 대바늘을 사용하여 겉뜨기 5코, 겉뜨기 81코, 겉뜨기 5코

2단 겉뜨기 5코, 안뜨기 81코, 겉뜨기 5코, 1단과 2단을 반복하여 47단까지 뜬다.

48단 겉뜨기 5코, 안뜨기 81코, 5코 남겨 되돌아뜨기

목둘레와 어깨(우)

1단 바늘비우기, 걸러뜨기, 겉뜨기 25코, 나머지 60코는 쉬어 둔다.

2단 오른2코모아안뜨기, 안뜨기 덮어씌우기 3코, 안뜨기 17코, 5코 남겨 되돌아뜨기

3단 바늘비우기, 걸러뜨기, 겉뜨기 16코

4단 오른2코모아안뜨기, 안뜨기 덮어씌우기 4코, 안뜨기 6코, 6코 남겨 되돌아뜨기

5단 바늘비우기, 걸러뜨기, 겉뜨기 5코

6단 안뜨기로 단정리하고, 버림뜨기 5단을 뜬다.

목둘레와 어깨(좌)

1단 쉬어둔 코를 바늘로 옮기고 새 실을 연결하여 겉뜨기 덮어씌우기 29코, 겉뜨기 26코, 5코 남겨 되돌아뜨기.

2단 바늘비우기, 걸러뜨기, 안뜨기 25코

3단 오른2코모아뜨기, 겉뜨기 덮어씌우기 3코, 겉뜨기 17코, 5코 남겨 되돌아뜨기

4단 바늘비우기, 걸러뜨기, 안뜨기 16코

5단 오른2코모아뜨기, 겉뜨기 덮어씌우기 4코, 겉뜨기 6코, 6코 남겨 되돌아뜨기

6단 바늘비우기, 걸러뜨기, 안뜨기 5코

7단 겉뜨기로 단정리하고, 버림뜨기 5단을 뜬다.

앞

밑단과 몸통

뒤 밑단, 몸통과 동일

몸통

1단	5.5mm 대바늘을 사용하여 겉뜨기 91코
2단	안뜨기 91코, 1단과 2단을 반복하여 24단까지 뜬다.

목둘레와 어깨(우)

1단	겉뜨기 45코, 나머지 46코는 쉬어 둔다..
2단	안뜨기 45코
3단	겉뜨기 40코#, 왼2코모아뜨기, 겉뜨기 3코
4단	안뜨기 44코#, 3단과 4단을 반복하여 20단까지 뜨되, #이 붙은 콧수는 단을 반복할 때마다 1코씩 감소한다.
21단	겉뜨기 31코, 왼2코모아뜨기, 겉뜨기 3코
22단	안뜨기
24단	안뜨기 30코, 겉뜨기 5코
25단	겉뜨기 5코, 겉뜨기 25코#, 왼2코모아뜨기, 겉뜨기 3코
26단	안뜨기 29코#, 겉뜨기 5코
27단	겉뜨기
28단	안뜨기, 겉뜨기 5코, 25단과 28단을 반복하여 69단까지 뜨되, #이 붙은 콧수는 단을 반복할 때마다 1코씩 감소한다.
70단	안뜨기 18코, 5코 남겨 되돌아뜨기

어깨(우)

1단	바늘비우기, 걸러뜨기, 겉뜨기 17코
2단	안뜨기 13코, 5코 남겨 되돌아뜨기
3단	바늘비우기, 걸러뜨기, 겉뜨기 7코, 왼2코모아뜨기, 겉뜨기 3코
4단	안뜨기 6코, 6코 남겨 되돌아뜨기
5단	바늘비우기, 걸러뜨기, 겉뜨기 5코
6단	안뜨기로 단정리하고 버림뜨기 5단을 뜬다.

목둘레와 어깨(좌)

1단	1코는 쉬어두고 나머지 45코는 바늘로 옮겨 겉뜨기 45코
2단	안뜨기 45코
3단	겉뜨기 3코, 오른2코모아뜨기, 겉뜨기 40코#
4단	안뜨기 44코#, 3단과 4단을 반복하여 20단까지 뜨되, #이 붙은 콧수는 단을 반복할 때마다 1코씩 감소한다.
21단	겉뜨기 3코, 오른2코모아뜨기, 겉뜨기 31코
22단	안뜨기
23단	겉뜨기
24단	겉뜨기 5코, 안뜨기 30코
25단	겉뜨기 3코, 오른2코모아뜨기, 겉뜨기 25코#, 겉뜨기 5코
26단	겉뜨기 5코, 안뜨기 29코#
27단	겉뜨기
28단	겉뜨기 5코, 안뜨기, 25단과 28단을 반복하여 70단까지 뜨되, #이 붙은 콧수는 단을 반복할 때마다 1코씩 감소한다.

어깨(좌)

1단	겉뜨기 18코, 5코 남겨 되돌아뜨기
2단	바늘비우기, 걸러뜨기, 안뜨기 17코
3단	겉뜨기 3코, 오른2코모아뜨기, 겉뜨기 8코, 5코 남겨 되돌아뜨기
4단	바늘비우기, 걸러뜨기, 안뜨기 11코
5단	겉뜨기 6코, 6코 남겨 되돌아뜨기
6단	바늘비우기, 걸러뜨기, 안뜨기 5코
7단	겉뜨기로 단정리하고 버림뜨기 5단을 뜬다.

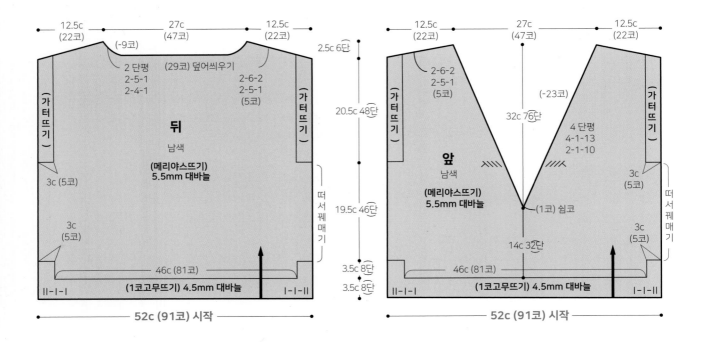

12.5c (22코)　27c (47코)　12.5c (22코)

2.5c 6단

뒤
남색
(메리야스뜨기)
5.5mm 대바늘

(-9코)
2 단평
2-5-1
2-4-1
(29코) 덮어씌우기
2-6-2
2-5-1
(5코)

(가터뜨기)

3c (5코)
3c (5코)

20.5c 48단

19.5c 46단

떠서꿰매기

46c (81코)
(1코고무뜨기) 4.5mm 대바늘
II-I-I　I-I-II

3.5c 8단
3.5c 8단

52c (91코) 시작

12.5c (22코)　27c (47코)　12.5c (22코)

2-6-2
2-5-1
(5코)

(-23코)

32c 76단

앞
남색
(메리야스뜨기)
5.5mm 대바늘

4 단평
4-1-13
2-1-10

(가터뜨기)

(1코) 쉼코

3c (5코)
3c (5코)

14c 32단

떠서꿰매기

46c (81코)
(1코고무뜨기) 4.5mm 대바늘
II-I-I　I-I-II

52c (91코) 시작

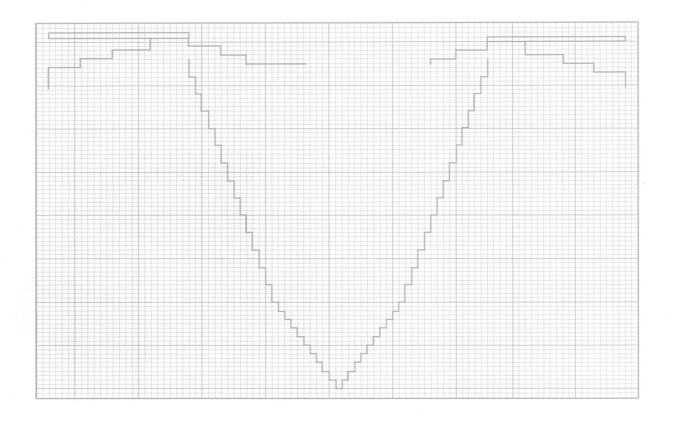

테크닉 사전
•
•

중심3코모아뜨기 (s2kpo)

1. 2코에 오른쪽 바늘을 뒤로부터 넣고 옮긴다.

2. 다음 1코를 겉뜨기한다.

3. 오른쪽 바늘에 옮긴 코들을 **2**의 코에 덮어씌운다.

4. 중심3코모아뜨기한 모습.

목둘레단

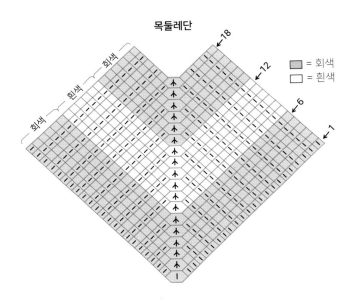

= 회색
= 흰색

목둘레단 (회색, 흰색, 회색 6단씩)
(1코고무뜨기) 4.5mm 대바늘

덮어씌워잇기   (51코) 줄기   18단

(68코) 줄기   (68코) 줄기

(1코) 줄기

마무리

뒤와 앞의 어깨를 덮어씌워잇기하고 몸통의 옆선은 떠서 꿰매기 한다.

목둘레단

1단 4.5mm 대바늘을 사용하여 회색 실로 앞목 68코, 쉼코 1코, 앞목 68코, 뒷목 51코를 코줍기하고 원통뜨기를 한다.

2단 (안뜨기 1코, 겉뜨기 1코) 33회 반복, 안뜨기 1코, 중심3코모아뜨기, 안뜨기 1코, (겉뜨기 1코, 안뜨기 1코) 33회 반복, (안뜨기 1코, 겉뜨기 1코) 25회 반복, 겉뜨기 1코

3단 (안뜨기 1코, 겉뜨기 1코) 33회 반복, 중심3코모아뜨기, (겉뜨기 1코, 안뜨기 1코) 33회 반복, (안뜨기 1코, 겉뜨기 1코) 25회 반복, 겉뜨기 1코

4단 (안뜨기 1코, 겉뜨기 1코) 32회 반복, 안뜨기 1코, 중심3코모아뜨기, 안뜨기 1코, (겉뜨기 1코, 안뜨기 1코) 32회 반복, (안뜨기 1코, 겉뜨기 1코) 25회 반복, 겉뜨기 1코

5단 (안뜨기 1코, 겉뜨기 1코) 32회 반복, 중심3코모아뜨기, (겉뜨기 1코, 안뜨기 1코) 32회 반복, (안뜨기 1코, 겉뜨기 1코) 25회 반복, 겉뜨기 1코

6단 (안뜨기 1코, 겉뜨기 1코) 31회 반복, 안뜨기 1코, 중심3코모아뜨기, 안뜨기 1코, (겉뜨기 1코, 안뜨기 1코) 31회 반복, (안뜨기 1코, 겉뜨기 1코) 25회 반복, 겉뜨기 1코

7단 흰색 실로 바꿔 목둘레단를 참고하여 12단까지 뜬다.

13단 회색 실로 바꿔 목둘레단를 참고하여 18단까지 뜨고, 1코 고무뜨기 돗바늘 코마무리한다.

All around colors or basic colors

어디에나 어울리는 만능 컬러

색상을 선택할 때, 완성되는 모습을 상상하며 색상을 선택할 때 흥미롭기도 하지만 어렵기도 합니다. 이때 다양한 컬러와도 잘 어울리고 무난하게 소화할 수 있는 컬러를 소개합니다.

| 아이보리 | 흰색 | 회색 | 검정 | 카키 | 올리브 | 파랑 | 네이버 |

• 다음 스타일화에 자유롭게 컬러링을 해 보세요.

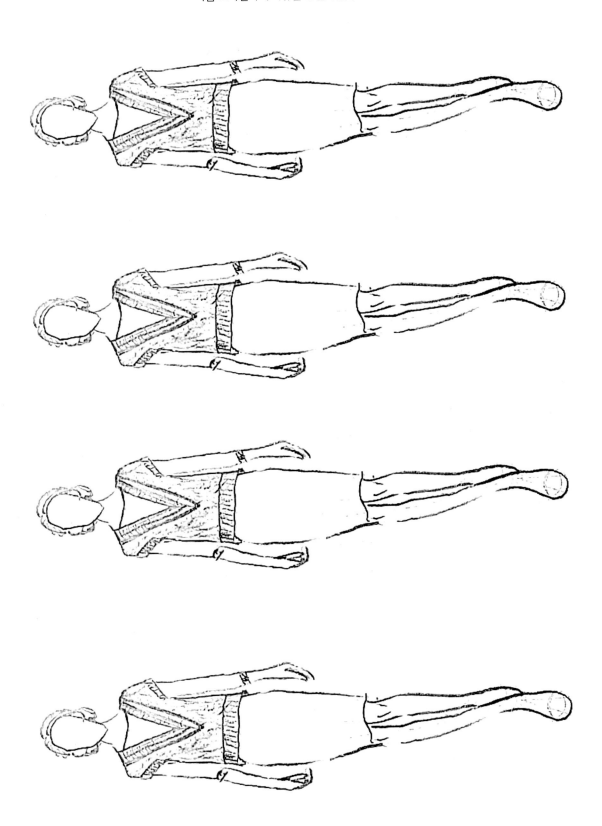

Yoke Round-Neck Vest

전통 요크 탑다운 방울무늬
라운드넥 베스트 _봄비

전통적인 탑다운 기법을 익힐 수 있는 드롭숄더 라운드넥 베스트입니다. 전통 요크 방울무늬의 간격이 늘어나면서 무늬가 입체적으로 완성되는 재미가 있습니다.

봄날의 따뜻함과 생명을 깨우는 빗방울을 표현했습니다. 따스한 빗방울은 어떤 색, 어떤 감촉일까요? 편안하게 다가오는 화이트 핑크빛이 봄날의 색상인 듯합니다. 방울방울 맺히는 빗방울을 털실로 표현하니 포근하고 따뜻한 이미지가 더 다가오네요.

#봄날뮤직비디오 #탑다운 #라운드넥 #여성니트 #빗방울

전통 요크 탑다운 방울무늬 라운드넥 베스트

전통적인 요크무늬가 있는 탑다운 기법을 배워봅시다. 원통으로 코를 늘려가며 뜨고, 앞과 진동, 뒤와 진동을 구분한 다음 앞뒤의 차이가 생기도록 뒷부분만을 더 뜹니다. 진동과 옆단 위 부분의 코 줄는 방법을 확인해 봅시다. 전통적인 탑다운 기법을 익혀보고 방울무늬가 만들어지는 과정을 보며 뜨기의 생동감도 즐겨 봅시다.

완성치수
옷길이 42c, 가슴둘레 94c

재료
Acrylic Wool 핑크색(230g),
단코 표시핀 몇 개

사용바늘
5.5mm 대바늘, 6mm 대바늘

게이지
메리야스뜨기 무늬 사방 10c 17코 23단

❶ 사진 속 실과 비슷한 굵기의 소재를 준비합니다.
❷ 도안의 무늬뜨기를 확인하여 사방 10c의 스와치를 뜨고, 스티밍한 후 게이지와 동일한지 확인합니다. 사용바늘과 확인된 게이지를 기재합니다.

사용바늘	게이지

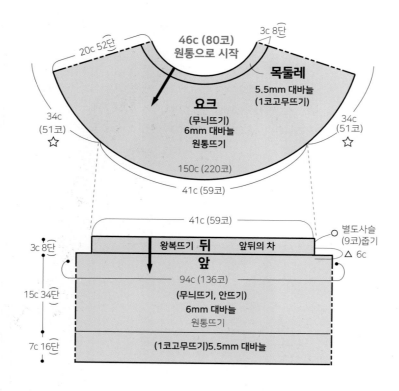

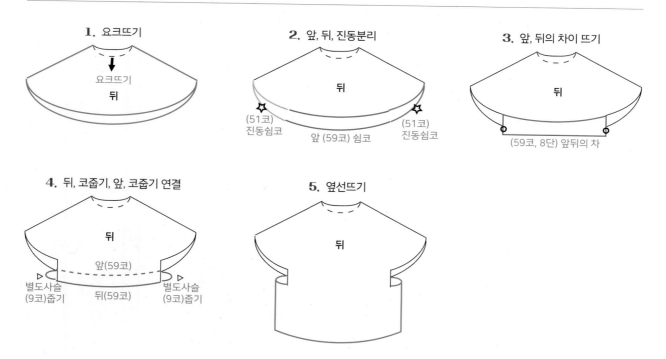

뜨기 순서

1. 요크뜨기

요크뜨기
뒤

2. 앞, 뒤, 진동분리

뒤
(51코)
진동쉼코
앞 (59코) 쉼코
(51코)
진동쉼코

3. 앞, 뒤의 차이 뜨기

뒤
(59코, 8단) 앞뒤의 차

4. 뒤, 코줍기, 앞, 코줍기 연결

뒤
앞(59코)
별도사슬
(9코)줍기
뒤(59코)
별도사슬
(9코)줍기

5. 옆선뜨기

뒤

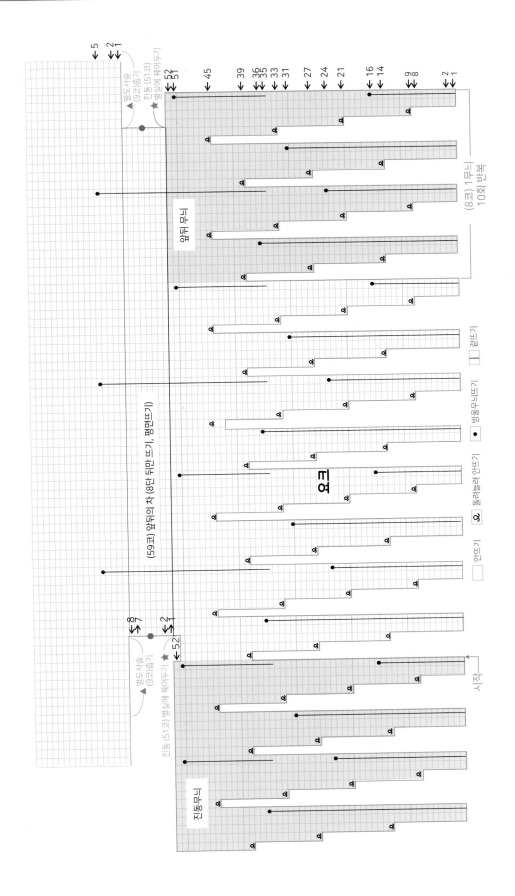

요크

어깨에서 돌려안뜨기 코늘리기는 ◇ 로 표기한다.

1단 5.5mm 대바늘을 사용하여 손가락 걸어 코만들기 80코를 만들고 원통뜨기한다.

2단 1코고무뜨기 40번 반복, 2단을 반복하여 8단까지 뜬다.

9단 6mm 대바늘로 바꿔 (겉뜨기 1코, 안뜨기 1코, ◇, 겉뜨기 1코, 안뜨기 1코, 겉뜨기 1코, 안뜨기 1코, ◇, 겉뜨기 1코, 안뜨기 1코, 표시핀) 10회 반복

10단 (겉뜨기 1코, 안뜨기 2코, 겉뜨기 1코, 안뜨기 1코, 겉뜨기 1코, 안뜨기 2코, 겉뜨기 1코, 안뜨기 1코, 표시핀) 10회 반복, 10단을 반복하여 13단까지 뜬다.

14단 (겉뜨기 1코, 안뜨기 2코, 겉뜨기 1코, 안뜨기 1코, ◇, 겉뜨기 1코, 안뜨기 2코, 겉뜨기 1코, 안뜨기 1코, ◇, 표시핀) 10회 반복

15단 (겉뜨기 1코, 안뜨기 2코, 겉뜨기 1코, 안뜨기 2코, 겉뜨기 1코, 안뜨기 2코, 겉뜨기 1코, 안뜨기 2코, 표시핀) 10회 반복

16단 (방울무늬뜨기 1코, 안뜨기 2코, 겉뜨기 1코, 안뜨기 2코, 겉뜨기 1코, 안뜨기 2코, 겉뜨기 1코, 안뜨기 2코, 표시핀) 10회 반복

17단 (안뜨기 3코, 겉뜨기 1코, 안뜨기 2코, 겉뜨기 1코, 안뜨기 2코, 겉뜨기 1코, 안뜨기 2코, 표시핀) 10회 반복, 17단을 반복하여 20단까지 뜬다.

21단 (안뜨기 3코, ◇, 겉뜨기 1코, 안뜨기 2코, 겉뜨기 1코, 안뜨기 2코, ◇, 겉뜨기 1코, 안뜨기 2코, 표시핀) 10회 반복

22단 (안뜨기 4코, 겉뜨기 1코, 안뜨기 2코, 겉뜨기 1코, 안뜨기 3코, 겉뜨기 1코, 안뜨기 2코, 표시핀) 10회 반복, 22단과 같이 23단까지 뜬다.

24단 (안뜨기 4코, 겉뜨기 1코, 안뜨기 2코, 방울무늬뜨기 1코, 안뜨기 3코, 겉뜨기 1코, 안뜨기 2코, 표시핀) 10회 반복

25단 (안뜨기 4코, 겉뜨기 1코, 안뜨기 6코, 겉뜨기 1코, 안뜨기 2코) 10회 반복, 25단과 같이 26단을 뜬다.

27단 (안뜨기 4코, 겉뜨기 1코, 안뜨기 2코, ◇, 안뜨기 4코, 겉뜨기 1코, 안뜨기 2코, ◇, 표시핀) 10회 반복

28단 (안뜨기 4코, 겉뜨기 1코, 안뜨기 7코, 겉뜨기 1코, 안뜨기 3코, 표시핀) 10회 반복, 28단을 반복하여 30단까지 뜬다.

31단 (안뜨기 4코, 방울무늬뜨기 1코, 안뜨기 7코, 겉뜨기 1코, 안뜨기 3코, 표시핀) 10회 반복

32단 (안뜨기 12코, 겉뜨기 1코, 안뜨기 3코) 10회 반복

33단 (안뜨기 4코, ◇, 안뜨기 8코, ◇, 겉뜨기 1코, 안뜨기 3코, 표시핀) 10회 반복

34단 (안뜨기 14코. 겉뜨기 1코, 안뜨기 3코, 표시핀) 10회 반복

35단 (겉뜨기 1코, 안뜨기 8코, 겉뜨기 1코, 안뜨기 4코, 겉뜨기 1코, 안뜨기 3코, 표시핀) 10회 반복

36단 (겉뜨기 1코, 안뜨기 8코, 겉뜨기 1코, 안뜨기 4코, 방울무늬뜨기 1코, 안뜨기 3코, 표시핀) 10회 반복

37단 (겉뜨기 1코, 안뜨기 8코, 겉뜨기 1코, 안뜨기 8코, 표시핀) 10회 반복, 37단과 같이 38단을 뜬다.

39단 (겉뜨기 1코, 안뜨기 8코, ◇, 겉뜨기 1코, 안뜨기 8코, ◇, 표시핀) 10회 반복

40단 (겉뜨기 1코, 안뜨기 9코, 겉뜨기 1코, 안뜨기 9코, 표시핀) 10회 반복, 40단을 반복하여 44단까지 뜬다.

45단 (겉뜨기 1코, 안뜨기 4코, ◇, 안뜨기 5코, 겉뜨기 1코, 안뜨기 4코, ◇, 안뜨기 5코, 표시핀) 10회 반복

46단 (겉뜨기 1코, 안뜨기 10코, 겉뜨기 1코, 안뜨기 10코) 10회 반복, 46단을 반복하여, 50단까지 뜬다.

51단 시작코 위치에서부터 (방울무늬뜨기 1코, 안뜨기 10코) 5회 반복, (겉뜨기 1코, 안뜨기 10코, 방울무늬뜨기 1코, 안뜨기 10코) 3회 반복, (방울무늬뜨기 1코, 안뜨기 10코) 4회 반복, (겉뜨기 1코, 안뜨기 10코, 방울무늬뜨기 1코, 안뜨기 10코) 2회 반복, 겉뜨기 1코, 안뜨기 10코

52단 안뜨기 55코, 겉뜨기 1코, (안뜨기 21코, 겉뜨기 1코) 2회 반복, 안뜨기 65코, (겉뜨기 1코, 안뜨기 21코) 2회 반복, 겉뜨기 1코, 안뜨기 7코 (217코를 뜬 상태)

앞뒤의 차(왕복뜨기)

1단 뜨개바탕을 뒤집어 안면을 보며 겉뜨기 7코, 안뜨기 1코, 겉뜨기 21코, 안뜨기 1코, 겉뜨기 21코, 안뜨기 1코, 겉뜨기 7코

2단 뜨개바탕을 뒤집어 안뜨기 7코, 겉뜨기 1코, 안뜨기 21코, 겉뜨기 1코, 안뜨기 21코, 겉뜨기 1코, 안뜨기 7코, 1단과 2단을 반복하여 8단까지 뜬다.

요크 진동 부분 좌우 각각 51코씩 별실에 옮겨놓는다.

테크닉 사전
·
·

방울무늬뜨기 Make Bobble (MB)

1. 겉뜨기 1코를 뜨고 왼쪽 바늘에서 실을 벗겨 내지는 않는다.

2. 그 상태에서 실을 바늘 안쪽으로 옮겨 놓는다.

3. 다시 같은 코에 겉뜨기를 한다.

4. 2와 3을 반복한다.

5. 뜨개바탕을 뒤집어 1~4를 통해 뜬 5코만 안뜨기를 한다.

6. 이 5코만 다시 겉뜨기 1단, 안뜨기 1단을 더 뜬다.

7. 5코 중 앞선 3코를 오른쪽 바늘로 뒤에서 한번에 넣고 옮긴다.

8. 남은 2코를 한번에 겉뜨기한다.

9. 오른쪽 바늘에 옮긴 코들을 위의 8에서 뜬 코에 1코씩 차례대로 덮어씌운다.

10. 방울무늬뜨기한 모습.

·
·

돌려안뜨기 (p tbl)

1. 왼쪽 바늘의 고리 뒤쪽에 바늘을 뒤로부터 앞으로 넣는다.

2. 안뜨기와 같이 실을 위로부터 아래로 감는다.

3. 고리로부터 오른쪽 바늘을 실을 감은 채로 빼낸다. 돌려안뜨기한 모습.

몸통

앞뒤의 차의 59코, 별도사슬 코줍기 9코와 앞의 59코, 별도사슬 코줍기 9코를 순서대로 같은 바늘로 옮겨놓고 원통뜨기를 한다.

1단 원통뜨기로 앞뒤의 차에서부터 시작, 안뜨기 7코, (겉뜨기 1코, 안뜨기 21코) 2회 반복, 겉뜨기 1코, 안뜨기 7코, 별도사슬로 9코 만들기, 안뜨기 7코, (겉뜨기 1코, 안뜨기 21코) 2회 반복, 겉뜨기 1코, 안뜨기 7코, 별도사슬로 9코 만들기 (총 136코).

2단 안뜨기 7코, (겉뜨기 1코, 안뜨기 21코) 2회 반복, 겉뜨기 1코, 안뜨기 23코, (겉뜨기 1코, 안뜨기 21코) 2회 반복, 겉뜨기 1코, 안뜨기 16코, 2단을 반복하여 4단까지 뜬다.

5단 안뜨기 7코, (방울무늬뜨기 1코, 안뜨기 21코) 2회 반복, 방울무늬뜨기 1코, 안뜨기 23코, (방울무늬뜨기 1코, 안뜨기 21코) 2회 반복, 겉뜨기 1코, 안뜨기 16코

6단 안뜨기, 6단을 반복하여 34단까지 뜬다.

밑단

1단 5.5mm 대바늘을 사용하여 1코고무뜨기, 1단을 반복하여 16단까지 뜬다. 1코고무뜨기 덮어씌우기 코마무리한다.

마무리

진동둘레단

1단 5.5mm 대바늘을 사용하여 앞뒤 차의 단에서 6코, 진동에서 51코, 별도사슬에서 9코, 전체 총 66코 코줍기한다.

2단 1코고무뜨기, 2단을 반복하여 6단까지 뜬다. 1코고무뜨기 덮어씌우기 코마무리한다.

진동둘레단
(1코고무뜨기) 5.5mm 대바늘
(51코) 쉼코
6단
전체 총 (66코) 줍기
뒤
앞뒤의 차이
8단에서
(6코)줍기
(9코) 줍기

요크 쉼코

앞뒤의 차

별도사슬

테크닉 사전

탑다운 진동둘레 코줍기

1. 진동둘레에 앞뒤의 차 부분, 별도사슬, 요크 쉼코 부분에서 코줍기를 시작한다.

2. 진동둘레 아랫부분에서부터 코줍기를 시작해서 별도사슬을 풀어가며 코줍기한다.

3. 앞뒤의 차로 이어지는 별도사슬의 끝코 부분의 2코는 한번에 코줍기한다.

4. 앞뒤의 차 부분에서는 한 코 안쪽에서 코줍기한다.

5. 요크 쉼코 부분에서 코줍기한다.

6. 요크 쉼코 부분에서 코줍기한 모습.

7. 진동둘레 코줍기한 모습.

Winter

Autumn

Spring

자투리실 · 색상 선택 · 배색 잘하는 방법

메리야스뜨기만 하면서 실의 색상을 바꾸는 방법으로,

줄무늬 배색, 원통뜨기 배색, 세로배색, 스티치 뜨기법을 소개한다.

나만의 색상 찾기를 시작해 보자. 더불어 취향, 용도, 계절에 따라 색상을 선택해 보자.

먼저 내가 좋아하는 색상을 선택해 간단한 배색 원리를 알고

조화를 찾아보자. 코디할 옷도 함께 상상하면서

스타일화에 색연필 등으로 컬러링하여 미리 그 조화를 찾으면 재미가 더욱 배가될 것이다.

그리고 자투리 실을 적절히 사용하면 경제적일 뿐만 아니라 나만의 창작품을

만들기에 충분하다. 색상의 느낌이 비슷한 유사색 컬러, 한 볼씩만 있는 실을 배열하여

색의 균형감을 찾는 방법, 활동적인 컬러 배합, 실자락을 2가닥, 3가닥 등으로 합사하여

색을 만드는 방법 등을 소개한다.

Level
★★★★

핸드니팅의 자유로움을 찾아가는 단계
도안 보고 뜨기 215% 완성

Summer

4

Pastel-Tone Open Vest

파스텔톤 줄무늬
라운드넥 오픈 베스트

겨울에서 봄으로 넘어가는 간절기, 날은 자꾸 따뜻해진다고 하지만 아직 쌀쌀해서 뭐라도 걸쳐 입고 싶어지죠? 그럴 때는 라운드넥 오픈 베스트가 제격입니다. 가슴 부분의 여유분을 그대로 숄더라인까지 연결한 스탠다드한 형태로, 불규칙한 스트라이프 배색을 넣어 밝고 온화한 부드러움을 더했습니다. 스케치를 활용해 나만의 컬러를 완성해 보는 재미도 더할 수 있습니다.

#간절기베스트 #스탠다드베스트 #봄컬러니트 #배색베스트

파스텔톤 줄무늬 라운드넥 오픈 베스트

이번에는 별도사슬을 사용한 1코고무뜨기 코만들기를 하고, 메리야스뜨기를 한 다음, 1코고무뜨기 돗바늘 코마무리하는 것까지 마스터해 봅시다. 이제 전개도를 보면서 목둘레 코줄이기, 어깨경사뜨기도 자유롭게 니팅할 수 있을 것입니다. 메리야스뜨기 줄무늬 배색으로 베스트를 만들어 봅니다. 캐주얼 스타일의 줄무늬 배색 컬러링도 도전해 보고 도안 그대로 보고 뜨는 것뿐 아니라 그 도안을 200% 이상 활용해 보세요.

완성치수
옷길이 50c, 가슴둘레 104c

재료
WOOL 연노란색(120g), 살구색(120g),
회색(80g), 흰색(20g),
23mm 단추 5개

사용바늘
5mm 대바늘, 5.5mm 대바늘

게이지
메리야스뜨기 사방 10c 16코 25단

❶ 사진 속 실과 비슷한 굵기의 소재를 준비합니다.
❷ 도안의 무늬뜨기를 확인하여 사방 10c의 스와치를 뜨고, 스티밍한 후 게이지와 동일한지 확인합니다. 사용바늘과 확인된 게이지를 기재합니다.

사용바늘	게이지

뒤

밑단

1, 2단 5mm 대바늘을 사용하여 별도사슬로 만드는 1코고무뜨기 코만들기 (양쪽 끝이 겉뜨기 2코인 경우) 회색 실로 87코를 만든다.

3단 겉뜨기 2코, 1코고무뜨기, 겉뜨기 2코,

4단 안뜨기 2코, 1코고무뜨기, 안뜨기 2코, 3단과 4단을 반복하여 16단까지 뜬다.

몸통

1단 5.5mm 대바늘로 바꿔 연노란색 실로 겉뜨기

2단 안뜨기, 1단과 2단을 반복하여 20단까지 뜬다.

21단 색상표를 참고하여 실 색상을 바꿔가며 메리야스뜨기 52 단까지 뜬다. 진동의 시작 부분에 표시핀을 걸어둔다.

진동

1단 색상표를 참고하여 메리야스뜨기 41단까지 뜬다.

42단 양 끝에서 22코와 23코 사이의 대바늘에 표시핀을 각각 걸어놓는다. 안뜨기 83코, 남겨 되돌아뜨기 4코

어깨(뒷목 포함)

1단 바늘비우기, 걸러뜨기, 겉뜨기 78코, 남겨 되돌아뜨기 4코

2단 바늘비우기, 걸러뜨기, 안뜨기 74코, 남겨 되돌아뜨기 4코

3단 바늘비우기, 걸러뜨기, 겉뜨기 70코, 남겨 되돌아뜨기 4코

4단 바늘비우기, 걸러뜨기, 안뜨기 66코, 남겨 되돌아뜨기 4코

5단 바늘비우기, 걸러뜨기, 겉뜨기 62코, 남겨 되돌아뜨기 4코

6단 바늘비우기, 걸러뜨기, 안뜨기 57코, 남겨 되돌아뜨기 5코

7단 바늘비우기, 걸러뜨기, 겉뜨기 52코, 남겨 되돌아뜨기 5코

8단 바늘비우기, 걸러뜨기, 안뜨기를 뜨다가 오른쪽 어깨에 해당하는 단정리를 한 다음, 22코만 버림뜨기 5단을 뜬다.

9단 버림뜨기한 코를 제외하고 23코째에 새 실을 연결해서 43 코 겉뜨기 덮어씌우기를 하고, 왼쪽 어깨에 해당하는 단 정 리를 한 다음, 남은 22코를 버림뜨기 5단을 뜬다.

좌앞

밑단

1,2단 55mm 대바늘을 사용하여 별도사슬로 만드는 1코고무뜨기 코만들기 (오른쪽 끝이 겉뜨기 2코, 왼쪽 끝이 겉뜨기 1코인 경우) 회색 실로 40코를 만든다.

3단 겉뜨기 2코, (안뜨기 1코, 겉뜨기 1코) 19회 반복

4단 (안뜨기 1코, 겉뜨기 1코) 19회 반복, 안뜨기 2코, 3단과 4단 을 반복하여 16단까지 뜬다.

몸통

5.5mm 대바늘로 바꿔 40코를 뒤 몸통과 동일하게 배색하며 52단 까지 뜬다.

진동

1~24단 뒤 진동과 동일하게 배색하며 뜬다.

앞목(진동, 어깨 포함)

1단 흰색 실로 바꿔 겉뜨기 덮어씌우기 8코, 겉뜨기

2단 안뜨기

3단 흰색 실로 바꿔 오른2코모아뜨기, 겉뜨기 덮어씌우기 2코, 겉뜨기

4단 안뜨기

5단 오른2코모아뜨기, 겉뜨기 덮어씌우기 1코, 겉뜨기

6단 안뜨기

7단 흰색 실로 바꿔 오른2코모아뜨기, 겉뜨기 덮어씌우기 1코, 겉뜨기

8단 안뜨기

9단 살구색 실로 바꿔 겉뜨기

10단 안뜨기

11단 오른2코모아뜨기, 겉뜨기

12단 안뜨기

13단 겉뜨기

14단 안뜨기, 11단과 14단을 반복하여 18단까지 뜬다.

19단 오른2코모아뜨기, 겉뜨기, 남겨 되돌아뜨기 4코

20단 바늘비우기, 걸러뜨기, 안뜨기

21단 겉뜨기 14코, 남겨 되돌아뜨기 4코

22단 바늘비우기, 걸러뜨기, 안뜨기

23단 겉뜨기 10코, 남겨 되돌아뜨기 5코

24단 바늘비우기, 걸러뜨기, 안뜨기

25단 겉뜨기 5코, 남겨 되돌아뜨기 5코

26단 바늘비우기, 걸러뜨기, 안뜨기

27단 겉뜨기로 단 정리하고 버림뜨기 5단을 뜬다.

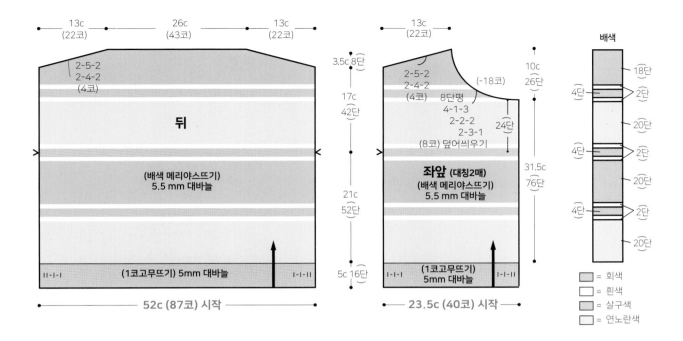

우앞

밑단

1, 2단 5mm 대바늘을 사용하여 별도사슬로 만드는 1코고무뜨기 코만들기 (오른쪽 끝 겉뜨기 1코, 왼쪽 끝이 겉뜨기 2코인 경우) 회색 실로 40코를 만든다.

3단 (겉뜨기 1코, 안뜨기 1코) 19회 반복, 겉뜨기 2코

4단 안뜨기 2코, (겉뜨기 1코, 안뜨기 1코) 19회 반복, 3단과 4단을 반복하여 16단까지 뜬다.

몸통

5.5mm 대바늘로 바꿔 40코를 뒤 몸통과 동일하게 배색하며 52단까지 뜬다.

진동

1~24단 뒤 진동과 동일하게 배색하며 뜬다.

앞목(어깨 포함)

1단 흰색 실로 바꿔 겉뜨기

2단 오른2코모아안뜨기, 안뜨기 덮어씌우기 2코, 안뜨기

3단 회색 실로 바꿔 겉뜨기

4단 오른2코모아안뜨기, 안뜨기 덮어씌우기 1코, 안뜨기

5단 겉뜨기

6단 오른2코모아안뜨기, 안뜨기 덮어씌우기 1코, 안뜨기

7단 흰색 실로 바꿔 겉뜨기

8단 안뜨기

9단 살구색 실로 바꿔 겉뜨기

10단 안뜨기

11단 겉뜨기, 왼2코모아뜨기

12단 안뜨기

13단 겉뜨기

14단 안뜨기

15단 겉뜨기, 왼2코모아뜨기

16단 안뜨기

17단 겉뜨기

18단 안뜨기 19코, 4코 남겨 되돌아뜨기

19단 겉뜨기, 왼2코모아뜨기

20단 안뜨기 14코, 4코 남겨 되돌아뜨기

21단 바늘비우기, 걸러뜨기, 겉뜨기

22단 안뜨기 10코, 4코 남겨 되돌아뜨기

23단 바늘비우기, 걸러뜨기, 겉뜨기

24단 안뜨기, 5코 남겨 되돌아뜨기

25단 바늘비우기, 걸러뜨기, 겉뜨기

26단 안뜨기로 단 정리하고 버림뜨기 5단을 뜬다.

마무리

뒤와 좌앞, 우앞의 어깨는 덮어씌워잇기하고 옆선은 떠서 꿰매기한다.

목둘레단

1단 5mm 대바늘을 사용하여 회색 실로 좌앞 27코, 뒷목 43코, 우앞 27코, 총101코를 코줍기해서 왕복뜨기를 한다.

2단 안뜨기 2코, 1코고무뜨기, 안뜨기 2코

3단 겉뜨기 2코, 1코고무뜨기, 겉뜨기 2코, 2단과 3단을 반복하여 8단까지 뜬다. 1코고무뜨기 돗바늘 코마무리한다.

앞단

1단 5mm 대바늘을 사용하여 회색 실로 75코를 코줍기해서 왕복뜨기를 한다.

2단 안뜨기 2코, 1코고무뜨기, 안뜨기 2코

3단 겉뜨기 2코, 1코고무뜨기, 겉뜨기 2코, 2단과 3단을 반복하여 8단까지 뜬다. 1코고무뜨기 돗바늘 코마무리한다. 우앞단의 해당 위치에 5개의 단추를 단다. 좌앞단의 단추위치에 손가락을 넣어 단춧구멍을 만든다.

진동둘레단

1단 5mm 대바늘을 사용하여 회색 실로 74코를 코줍기해서 원통뜨기를 한다.

2단 1코고무뜨기, 2단을 반복하여 8단까지 뜬다. 1코고무뜨기 돗바늘 코마무리한다.

목둘레단, 진동둘레단, 앞단 (회색)
(1코고무뜨기) 5mm 대바늘

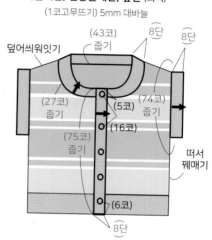

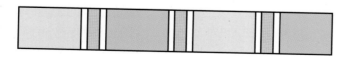나만의 시그니처

Pastel Tone Color Work

온화하고 편안한 컬러 배색

이번 작품에는 노란색과 주황색, 회색을 조합해 밝고 발랄하며 부드러운 느낌으로 만들었습니다. 이와 같이 유사색 배색은 온화하고 부드러운 느낌과 통일감을 줍니다. 따뜻한 색은 따뜻한 색끼리, 차가운 색은 차가운 색끼리 배열하는 것과 같이 색의 성질이 비슷한 색끼리 배열하는 것을 '유사색 배색'이라고 합니다. 무지개색인 빨주노초파남보의 색에서 서로 가까이 있는 색끼리 배열하여 색의 조화를 이룹니다.

• 다음 스타일화에 자유롭게 컬러링을 해 보세요.

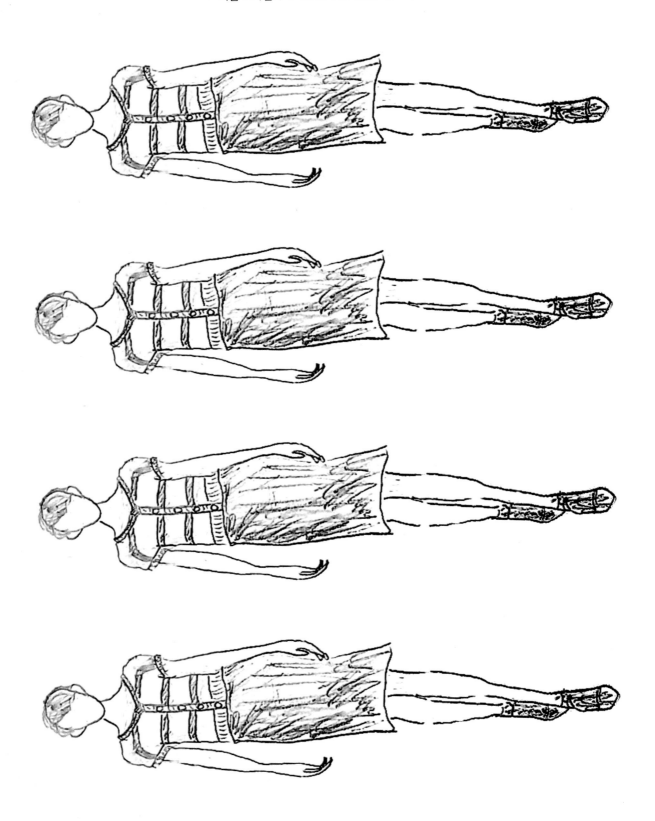

Shawl-Collar Open Vest

세로배색뜨기 아가일무늬
숄칼라 오픈 베스트

색상의 비율을 조절하여 원색과 블랙이 조화를 이룹니다. 아가일무늬뜨기와 스티치, 숄칼라 등 재미 있는 테크닉을 즐길 수 있습니다. 남녀노소 모두 입을 수 있는 모던하고 캐주얼한 숄칼라 베스트입 니다. 색상을 변경해 나만의 컬러로 완성해 보세요.

<봄날> 뮤직비디오 속에서 살짝 등을 기대고 눈을 감고 있던 한 멤버가 입은 니트 무늬를 베스트에 도 넣어보았어요. 이 무늬의 니트를 입은 멤버가 누구였을까요?

#아가일무늬 #숄칼라 #캐주얼베스트 #배색베스트

세로배색뜨기 아가일무늬 숄칼라 오픈 베스트

아가일무늬 세로배색 무늬뜨기를 익혀봅시다. 실뭉치 5개를 달아 뜨게 되므로 실자락이 엉키지 않도록 뜨개바탕을 왼쪽으로 돌리고, 그다음 단을 뜰 때는 오른쪽을 돌려가며 뜹니다. 차분히 떠가며 완성되는 무늬는 성취감을 줍니다. 돗바늘로 스티치를 놓는 기법도 활용해 봅시다. 앞판은 와이넥 코줄임을 합니다. 코줍기를 하고 고무뜨기를 뜨면서 양쪽 코를 모아뜨기해 가는 칼라뜨기를 합니다.

완성치수
옷길이 49.5c,
가슴둘레 90c, 어깨너비 36c

재료
WOOL ALPACA 초록색(90g),
WOOL 흰색(45g), 빨간색(20g),
검은색(100g), 25mm 단추 4개

사용바늘
4mm 대바늘, 5mm 대바늘

게이지
메리야스뜨기 사방 10c 18코 24단,
1코고무뜨기 사방 10c 24코 28단

❶ 사진 속 실과 비슷한 굵기의 소재를 준비합니다.
❷ 도안의 무늬뜨기를 확인하여 사방 10c의 스와치를 뜨고, 스티밍한 후 게이지와 동일한지 확인합니다. 사용바늘과 확인된 게이지를 기재합니다.

사용바늘	게이지

뒤

몸통

1단   5mm 대바늘을 사용하여 초록색 실로 별도사슬 코줍기로 84코를 만들고 46단까지 뜬다.

진동, 목둘레, 어깨

전개도를 참고하여 뜬다.

밑단

1단   별도사슬을 풀고 4mm 대바늘을 사용하여 검은색 실로 코줍기하고 (겉뜨기 7코, 돌려뜨기 코늘려뜨기) 11회 반복, 겉뜨기 7코로 총 95코를 만든다.

2단   안뜨기 2코, 1코고무뜨기, 안뜨기 2코

3단   겉뜨기 2코, 1코고무뜨기, 겉뜨기 2코, 2단과 3단을 반복하여 16단까지 뜬다. 1코고무뜨기 덮어씌우기 코마무리한다.

좌앞

몸통

1단   5mm 대바늘을 사용하여 초록색 실로 별도사슬 코만들기 39코를 만들고 세로배색 무늬뜨기의 규칙을 따라 42단까지 뜬다.

43단   흰색 실로 겉뜨기 39코

44단   안뜨기 39코, 43단과 44단을 반복하여 46단까지 뜬다.

진동, 목둘레

1단   겉뜨기 39코

2단   안뜨기 덮어씌우기 5코, 안뜨기

3단   겉뜨기 34코

4단   오른2코모아안뜨기, 안뜨기 덮어씌우기 2코, 안뜨기

5단   겉뜨기 29코, 왼2코모아뜨기

6단   안뜨기 30코, 5단과 6단을 반복하여 12단까지 뜬다.

13단   겉뜨기 27코

14단   안뜨기 27코

15단   오른2코모아뜨기, 겉뜨기 23코, 왼2코모아뜨기

16단   안뜨기 25코

17단   오른2코모아뜨기, 겉뜨기 23코

18단   안뜨기 24코, 17단과 18단을 반복하여 26단까지 뜬다.

27단   겉뜨기 20코

28단   안뜨기 20코

29단   오른2코모아뜨기, 겉뜨기 18코

30단   안뜨기 19코

31단   겉뜨기 19코

32단   안뜨기 19코, 29단에서 32단을 반복하여 56단까지 뜬다.

어깨

1단   오른2코모아뜨기, 겉뜨기 7코, 4코 남겨 되돌아뜨기

2단   바늘비우기, 걸러뜨기, 안뜨기 7코

3단   겉뜨기 4코, 4코 남겨 되돌아뜨기

4단   바늘비우기, 걸러뜨기, 안뜨기 3코

5단   겉뜨기로 단 정리를 하고, 버림뜨기 5단을 뜬다.

밑단

1단   별도사슬을 풀고 4mm 대바늘을 사용하여 검은색 실로 코줍기하되, (겉뜨기 4코, 돌려뜨기 코늘려뜨기) 9회 반복, 겉뜨기 3코로 총 48코를 만든다.

2단   (안뜨기 1코, 겉뜨기 1코) 23회 반복, 안뜨기 2코

3단   겉뜨기 2코, (안뜨기 1코, 겉뜨기 1코) 23회 반복, 2단과 3단을 반복하여 16단까지 뜬다. 1코고무뜨기 덮어씌우기 코마무리한다.

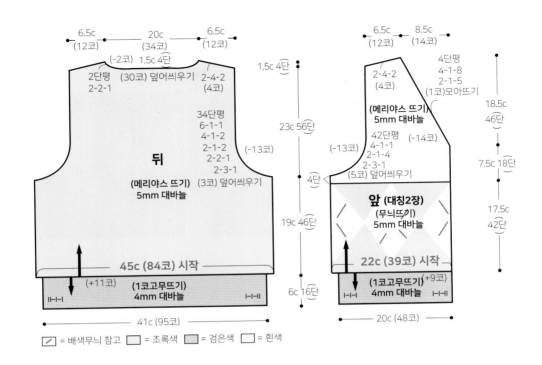

6.5c
(12코)
20c
(34코)
6.5c
(12코)

(-2코) 1.5c 4단

2단평 (30코) 덮어씌우기 2-4-2
2-2-1   (4코)

34단평
6-1-1
4-1-2
2-1-2
2-2-1
2-3-1
(-13코)

뒤
(메리야스 뜨기)
5mm 대바늘

(3코) 덮어씌우기

45c (84코) 시작

(+11코) (1코고무뜨기)
4mm 대바늘

41c (95코)

1.5c 4단

23c 56단

4단

19c 46단

6c 16단

6.5c
(12코)
8.5c
(14코)

2-4-2
(4코)

4단평
4-1-8
2-1-5
(1코)모아뜨기

(메리야스 뜨기)
5mm 대바늘

42단평
4-1-1
2-1-4
2-3-1
(5코) 덮어씌우기

(-13코) (-14코)

앞 (대칭2장)
(무늬뜨기)
5mm 대바늘

22c (39코) 시작

(1코고무뜨기)(+9코)
4mm 대바늘

20c (48코)

18.5c
46단

7.5c 18단

17.5c
42단

☑ = 배색무늬 참고 ☐ = 초록색 ▨ = 검은색 ☐ = 흰색

우앞

몸통

좌앞 몸통과 동일

진동, 목둘레

1단 겉뜨기 덮어씌우기 5코, 겉뜨기

2단 안뜨기 34코

3단 오른2코모아뜨기, 겉뜨기 덮어씌우기 2코, 겉뜨기

4단 안뜨기 31코

5단 오른2코모아뜨기, 겉뜨기 29코

6단 안뜨기 30코, 5단과 6단을 반복하여 12단까지 뜬다.

13단 겉뜨기 27코

14단 안뜨기 27코

15단 오른2코모아뜨기, 겉뜨기 23코, 왼2코모아뜨기

16단 안뜨기 25코

17단 겉뜨기 23코, 왼2코모아뜨기

18단 안뜨기 24코, 17단과 18단을 반복하여 26단까지 뜬다.

27단 겉뜨기 20코

28단 안뜨기 20코

29단 겉뜨기 18코, 왼2코모아뜨기

30단 안뜨기 19코

31단 겉뜨기 19코

32단 안뜨기 19코, 29단에서 32단을 반복하여 55단까지 반복한다.

56단 안뜨기 9코, 4코 남겨 되돌아뜨기

어깨

1단 바늘비우기, 걸러뜨기, 겉뜨기 6코, 왼2코모아뜨기

2단 안뜨기 4코, 4코 남겨 되돌아뜨기

3단 바늘비우기, 걸러뜨기, 겉뜨기 3코

4단 안뜨기로 단 정리를 하고, 버림뜨기 5단을 뜬다.

밑단

1단 별도사슬을 풀고 4mm 대바늘을 사용하여 검은색 실로 코줍기하되, (겉뜨기 4코, 돌려뜨기 코늘려뜨기) 9회 반복, 겉뜨기 3코로 총 48코를 만든다.

2단 안뜨기 2코, 1코고무뜨기 23회 반복

3단 1코고무뜨기 23회 반복 겉뜨기 2코, 2단과 3단을 반복하여 16단까지 뜬다. 1코고무뜨기 덮어씌우기 코마무리한다.

테크닉 사전

세로배색 무늬뜨기 (초록색 실 A, B와 흰색 실 C, D, E) Intarsia

배색뜨기한 모습

스티치 완성한 겉면

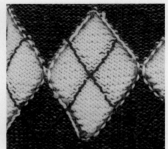

스티치 완성한 안면

세로배색 무늬뜨기 상세도안

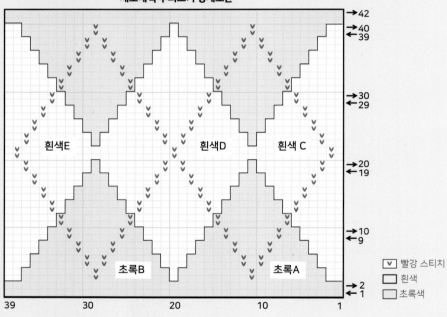

✓	빨강 스티치
☐	흰색
☐	초록색

1단 A로 겉뜨기

2단 A로 안뜨기

3단 C로 겉뜨기 2코, C를 걸쳐 놓고 A로 겉뜨기 17코, A를 걸쳐 놓고 D로 겉뜨기 1코, D를 걸쳐 놓고 B로 겉뜨기 17코, B를 걸쳐 놓고 E로 겉뜨기 2코

4단 E로 안뜨기 2코, E의 실 끝부분과 E를 걸쳐놓고 B로 안뜨기 17코, B의 실 끝부분과 B를 걸쳐놓고 D로 안뜨기 1코, D의 실 끝부분과 D를 걸쳐놓고 A로 안뜨기 17코, A를 걸쳐놓고 C로 안뜨기 2코

5단 C로 겉뜨기 3코, C를 걸쳐 놓고 A로 겉뜨기 15코, A를 걸쳐 놓고 D로 겉뜨기 3코, D를 걸쳐 놓고 B로 겉뜨기 15코, B를 걸쳐 놓고 E로 겉뜨기 3코

6단 E로 안뜨기 3코, E를 걸쳐놓고 B로 안뜨기 15코, B를 걸쳐놓고 D로 안뜨기 3코, D를 걸쳐놓고 A로 안뜨기 15코, A를 걸쳐놓고 C로 안뜨기 3코

7단~40단 동일한 방법으로 실을 걸쳐놓아가며 세로배색뜨기를 한다.

빨간색 실로 돗바늘을 사용하여 해당하는 위치에 스티치를 한다.

테크닉 사전

왼3코 모아뜨기 (k3tog)

1. 왼쪽 바늘의 3코에 왼쪽에서부터 오른쪽 바늘을 넣는다.

2. 3코를 한 번에 겉뜨기한다.

3. 왼3코 모아뜨기한 모습.

오른3코 모아뜨기 (sk2po)

1. 3코 가운데 첫 코에 오른쪽 바늘을 겉뜨기하듯이 넣되 뜨기 않고 오른쪽 바늘로 옮긴다.

2. 다음의 2코에 한꺼번에 오른쪽 바늘을 넣는다.

3. 2코를 한번에 겉뜨기를 한다.

4. 오른쪽 바늘로 뜨지 않고 옮겨 놓은 첫 코에 왼쪽 바늘을 넣어 덮어 씌운다.

5. 오른3코 모아뜨기한 모습.

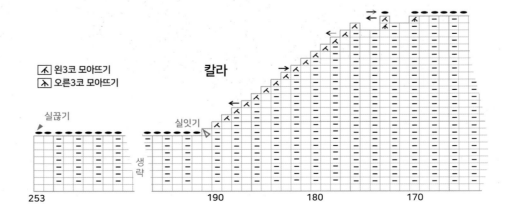

마무리

어깨는 덮어씌워잇기로, 옆선은 떠서 꿰매기한다. 상세도안을 참고하여 우앞 앞단의 해당 위치에 4개의 단추를 단다.

칼라

1단 4.0mm 바늘로 검은색실을 이용하여 오른쪽 앞단 61코, 오른쪽 앞 목둘레 46코, 뒤 목둘레 39코, 왼쪽 앞 목둘레 46코, 왼쪽 앞단 61코, 총 253코 코줍기한다.

2단 안뜨기 2코, (겉뜨기 1코, 안뜨기 1코) 124회 반복, 겉뜨기 1코, 안뜨기 2코

3단 겉뜨기 2코, (안뜨기 1코, 겉뜨기 1코) 124회 반복, 안뜨기 1코, 겉뜨기 2코

4단 안뜨기 2코, (겉뜨기 1코, 안뜨기 1코) 124회 반복, 겉뜨기 1코, 안뜨기 2코

5단 겉뜨기 2코, 안뜨기 1코, 겉뜨기 1코, 안뜨기 1코, 바늘비우기, 왼2코모아뜨기, (겉뜨기 1코, 안뜨기 1코) 8회 반복, 바늘비우기, 왼2코모아뜨기, (겉뜨기 1코, 안뜨기 1코) 8회 반복, 바늘비우기, 왼2코모아뜨기, (겉뜨기 1코, 안뜨기 1코) 8회 반복, 바늘비우기, 왼2코모아뜨기, (안뜨기 1코, 겉뜨기 1코) 95회 반복, 겉뜨기 1코

6단 안뜨기 2코, (겉뜨기 1코, 안뜨기 1코) 124회 반복, 겉뜨기 1코, 안뜨기 2코

7단 겉뜨기 2코, (안뜨기 1코, 겉뜨기 1코) 124회 반복, 안뜨기 1코, 겉뜨기 2코

8단 안뜨기 2코, (겉뜨기 1코, 안뜨기 1코) 124회 반복, 겉뜨기 1코, 안뜨기 2코

9단 겉뜨기 덮어씌우기 61코, (안뜨기 1코, 겉뜨기 1코) 65회 반복, 안뜨기 1코, 겉뜨기 덮어씌우기 61코, 실을 끊는다.

10단 새 실을 연결하고 오른2코모아안뜨기, (안뜨기 1코, 겉뜨기 1코) 63회 반복, 안뜨기 1코, 왼2코모아안뜨기

11단 오른2코모아뜨기, (안뜨기 1코, 겉뜨기 1코) 62회 반복, 안뜨기 1코, 왼2코모아뜨기, 10단과 11단을 반복하여 코줄임해가며 23단까지 뜬다.

24단 오른2코모아안뜨기, 오른3코모아안뜨기, (겉뜨기 1코, 안뜨기 1코) 46회 반복, 겉뜨기 1코, 왼3코모아안뜨기, 왼2코모아안뜨기

25단 오른2코모아뜨기, 오른3코모아뜨기, (겉뜨기 1코, 안뜨기 1코) 43회 반복, 겉뜨기 1코, 왼3코모아뜨기, 왼2코모아뜨기

26단 안뜨기 덮어씌우기 코마무리한다.

진동둘레단

1단 4mm 대바늘을 사용하여 검은색 실로 뒤와 앞에서 132코를 코줍기하고 원통뜨기를 한다.

2단 1코고무뜨기 반복, 2단과 같이 6단까지 뜬다. 1코고무뜨기 덮어씌우기 코마무리한다.

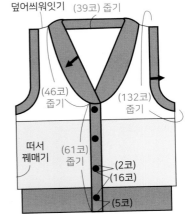

목둘레단, 진동둘레단, 칼라, 앞단 (검은색)
(1코고무뜨기) 4mm 대바늘

덮어씌워잇기 (39코) 줍기
(46코) 줍기
(132코) 줍기
떠서 꿰매기
(61코) 줍기
(2코)
(16코)
(5코)

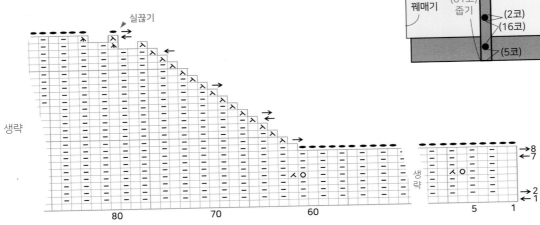

실끊기
생략
80 70 60
생략
←8
←7
←2
←1
5 1

Argyle Pattern

아가일무늬 배색

이번 니팅 작품에서는 초록색을 바탕실로 정하고, 빨간색으로 포인트를 주었습니다. 원색끼리는 서로 조화를 이루지 못하는 경우가 있는데 이때 흰색, 검은색 등의 무채색을 그사이에 배색하여 색의 구분을 주면 조화를 이룰 수 있습니다. 주도색과 포인트색의 크기를 다르게 하여 균형감을 맞춰 주는 것이 중요합니다.

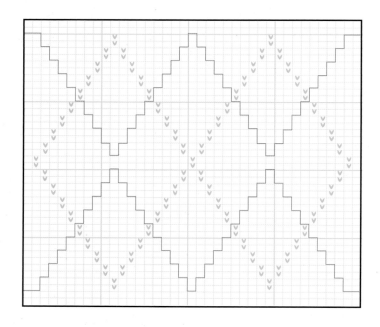

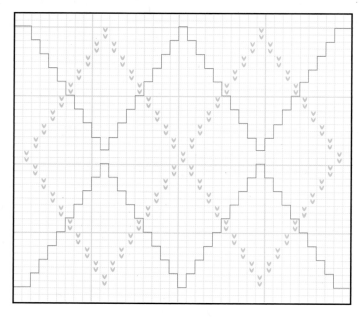

• 다음 스타일화에 자유롭게 컬러링을 해 보세요.

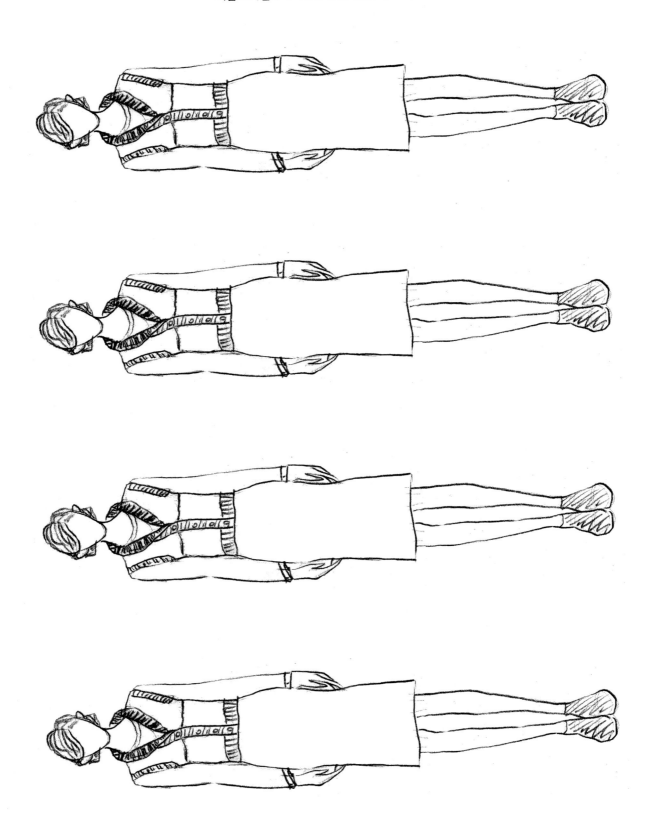

Stripe Long Vest
자투리실로 만드는
보트넥 롱 베스트

베스트의 옆선을 길게 떠서 완성된 롱 베스트입니다. 영국 패션 디자이너인 폴 스미스(Paul Smith) 풍의 화려한 스트라이프 배색과 같이 패셔너블한 아이템으로 한 볼씩 갖고 있던 실을 다양하게 조합하여 완성했습니다. 원통뜨기로 제작해 한 볼을 끊지 않고 몇 단까지 만들 수 있는지 단수를 확인하는 재미가 있습니다. 또한 전체적으로 통일감을 주기 위해 다크그레이로 색상의 경계를 구분해 주었습니다. 서랍 속에 한 볼씩 남은 다양한 색상의 실을 꺼내 색을 조합해 보세요.

#롱베스트 #배색베스트 #폴스미스스타일 #캐주얼 #자투리실

자투리 실로 만드는 **보트넥 롱 베스트**

원통뜨기를 하면서 배색을 시도해 봅시다. 색이 바뀔 때 구멍이 나지 않도록 주의하세요. 실들이 한 볼씩 남아있다면, 색상 톤을 고려하여 배색뜨기를 해봅시다. 아래는 어두운 색으로 시작해 점점 밝은 색으로 배열하고, 경계선에는 진한 회색을 사용했습니다. 이때 회색의 경계선은 1단도 있고 2단도 있는데 자유롭게 적용해 보세요.

완성치수
옷길이 78c, 가슴둘레 92c

재료
LINEN COTTON 베이지, 올리브,
그레이, 청록, 그레이그린, 다크블루,
다크그레이 각(50g)

사용바늘
4.5mm 대바늘, 5mm 대바늘,
코바늘 8/0호

게이지
메리야스뜨기 사방 10c 18코 24단

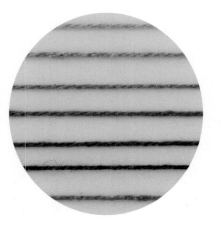

❶ 사진 속 실과 비슷한 굵기의 소재를 준비합니다.
❷ 도안의 무늬뜨기를 확인하여 사방 10c의 스와치를 뜨고, 스티밍한 후 게이지와 동일한지 확인합니다. 사용바늘과 확인된 게이지를 기재합니다.

사용바늘	게이지

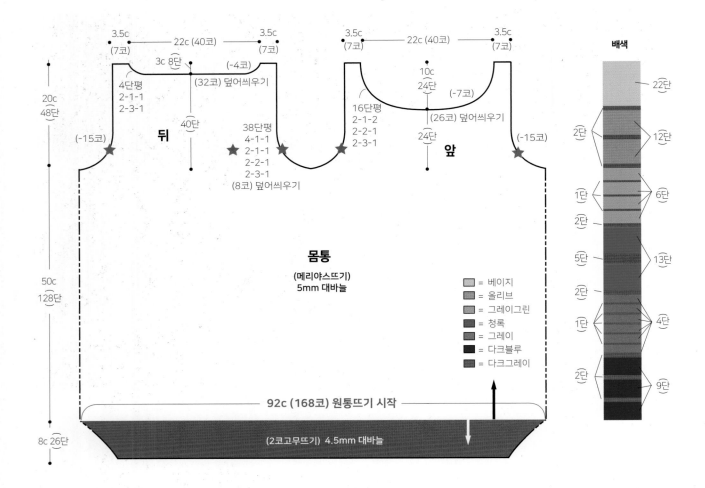

몸통

1단 5mm 대바늘을 사용하여 다크블루 실로 별도사슬 코만들기 168코를 만들고 9단까지 원통뜨기 겉뜨기한다.

배색표를 참고하여 다크그레이, 다크블루, 그레이, 청록, 그레이그린을 배색하면서 128단까지 겉뜨기한다. 168코를 둘로 나눠 그중 84코를 쉬어둔다.

앞

진동

1단 겉뜨기 덮어씌우기 8코, 겉뜨기와 같이 진동줄이기 기호를 확인하여 10단까지 뜬다.

11단 다크그레이 실로 바꿔 오른2코모아뜨기, 겉뜨기, 왼2코모아뜨기

12단 안뜨기

13단 올리브 실로 바꿔 겉뜨기

14단 안뜨기, 13단과 14단을 반복하여 24단까지 뜬다.

목둘레(우)

25단 다크그레이 실로 바꿔 겉뜨기 14코, 나머지 코는 쉬어둔다.

26단 오른2코모아안뜨기, 안뜨기 덮어씌우기 2코, 안뜨기, 목둘레 줄이기 기호를 확인하여 48단까지 뜨고 버림뜨기 5단을 뜬다.

목둘레(좌)

25단 쉬어둔 코를 바늘로 옮겨 다크그레이 실을 새로 연결하여 겉뜨기 덮어씌우기 26코, 겉뜨기

26단 안뜨기

27단 베이지 실로 바꿔 오른2코모아뜨기, 겉뜨기 덮어씌우기 2코, 겉뜨기, 목둘레줄이기 기호를 참고하여 48단까지 뜨고 버림뜨기 5단을 뜬다. 쉬어둔 84코를 바늘에 옮겨 왕복뜨기로 뜬다.

구분	단	간격	색상
진동	27단~48단	22단	베이지
	25단~26단	2단	다크그레이
	13단~24단	12단	올리브
	11단~12단	2단	다크그레이
	1단~10단	10단	올리브
몸통	127단~128단	2단	올리브
	125단~126단	2단	다크그레이
	119단~124단	6단	그레이그린
	118단	1단	다크그레이
	112단~117단	6단	그레이그린
	111단	1단	다크그레이
	105단~110단	6단	그레이그린
	104단	1단	다크그레이
	98단~103단	6단	그레이그린
		2단	다크그레이
	83단~95단	13단	청록
	78단~82단	5단	다크그레이
	65단~77단	13단	청록
	63단~64단	2단	다크그레이
	59단~62단	4단	그레이
	58단	1단	다크그레이
	54단~57단	4단	그레이
	53단	1단	다크그레이
	49단~52단	4단	그레이
	48단	1단	다크그레이
	44단~47단	4단	그레이
	43단	1단	다크그레이
	39단~42단	4단	그레이
	38단	1단	다크그레이
	34단~37단	4단	그레이
	32단~33단	2단	다크그레이
	23단~31단	9단	다크블루
	21단~22단	2단	다크그레이
	12단~20단	9단	다크블루
	10단~11단	2단	다크그레이
	1단~9단	9단	다크블루

뒤

진동

1단 앞과 동일 14단까지 뜬다.

15단 베이지 실로 바꿔 겉뜨기

16단 안뜨기, 15단과 16단을 반복하여 40단까지 뜬다.

목둘레(우)

41단 겉뜨기 11코, 나머지 코는 쉬어둔다. 목둘레줄이기 기호를 참고하여 48단까지 뜨고 버림뜨기 5단을 뜬다.

목둘레(좌)

41단 쉬어둔 코를 바늘로 옮겨 베이지 실을 새로 연결하여 겉뜨기 덮어씌우기 32코, 겉뜨기, 목둘레줄이기 기호를 참고하여 48단까지 뜨고 버림뜨기 5단을 뜬다.

마무리

뒤와 앞의 어깨를 덮어씌워잇기로 연결한다.

밑단

1단 별도사슬을 풀고 4.5mm 대바늘을 사용하여 다크그레이 실로 원통뜨기로 코줍기한다.

2단 2코고무뜨기, 2단과 같이 26단까지 뜬다. 2코고무뜨기 덮어씌우기 코마무리한다.

목둘레단

1단 4.5mm 대바늘을 사용하여 다크그레이 실로 뒤 52코와 앞 56코 목둘레에서 코줍기하고 원통뜨기를 한다.

2단 2코고무뜨기, 2단을 반복하여 6단까지 뜬다. 2코고무뜨기 덮어씌우기 코마무리한다.

진동둘레단

1단 4.5mm 대바늘을 사용하여 다크그레이 실로 양 진동둘레에서 각각 92코를 코줍기하고 원통뜨기를 한다.

2단 2코고무뜨기, 2단을 반복하여 9단까지 뜬다. 2코고무뜨기 덮어씌우기 코마무리한다.

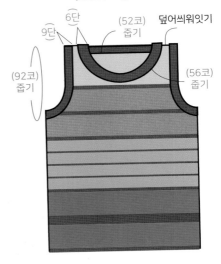

목둘레단, 진동둘레단 (다크그레이)
(2코고무뜨기) 4.5mm 대바늘
6단 / 9단 / (52코) 줍기 / 덮어씌워잇기 / (92코) 줍기 / (56코) 줍기

Using Scrap Yarn

자투리 실 활용 방법

한 볼씩 실이 있어 조합했습니다. 먼저 색의 밝기에 따라 순서를 정하고, 어두운색은 아랫부분에 두어 무게 중심을 조절하여 안정감을 주었습니다. 색의 톤을 유사하게 하여 조화를 찾아 비슷한 색끼리 연결되도록 정리해 보세요. 색의 변화가 있다면 진한 회색 등으로 색의 경계선을 구분해 주는 것도 좋은 방법입니다.

- 가지고 있는 자투리 실을 찾아 색을 정리하고, 아래 색을 칠해보고 실을 붙여 보세요.

• 다음 스타일화에 자유롭게 컬러링을 해 보세요.

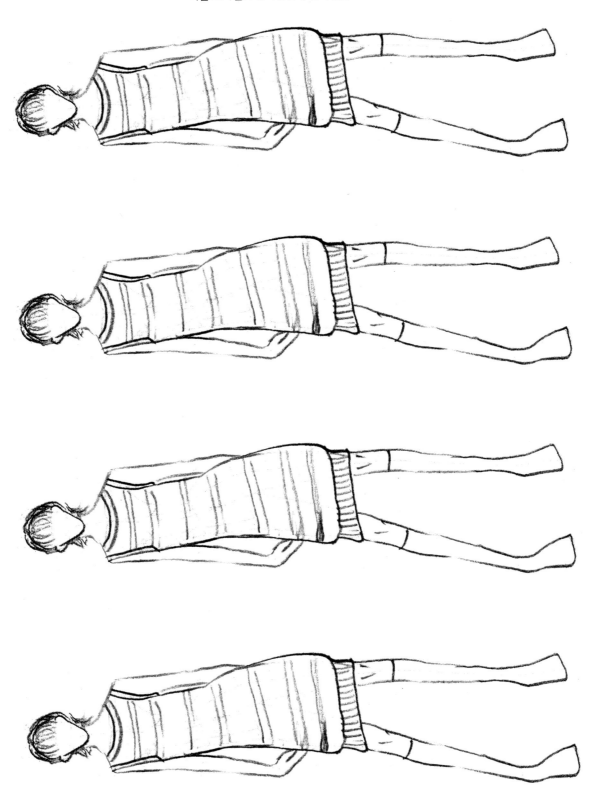

Tone-on-Tone Round-neck Vest

사선뜨기 톤온톤
라운드넥 베스트 _파도의 노래

핸드니팅에 가장 많이 사용되는 라운드넥 베스트입니다. 실자락을 합사하여 색을 만들어 다른 작품에서는 볼 수 없는 색감을 만들었습니다. 어깨를 덮고, 허리가 넉넉한 H라인 실루엣으로 사선무늬를 사용하여 청량함과 경쾌한 느낌을 줍니다. 스르르 밀려왔다가 좌아하고 멀어지는 파도의 움직임, 작게 부서지는 포말의 여운을 실자락을 조합하여 또 다른 색을 만들어 표현했습니다.

#봄날뮤직비디오 #라운드넥 #블루베스트 #사선뜨기

사선뜨기 톤온톤 라운드넥 베스트

지금까지 탑다운 또는 바텀업 방식의 니팅을 즐겨왔다면, 여기서는 3코로 시작하여 단의 간격에 따라 사선으로 표현되는 사선무늬를 니팅해 봅니다. 무수히 제작되는 기계니팅과는 다른 핸드니팅의 내가 만든 소중한 작품이 될 것입니다. 완성 실루엣은 사각형이지만 니팅해가는 과정 중에는 코단을 정확히 떠가고 있는지 확인하기 어려울 수 있으므로, 실물본을 활용하거나 한 단, 한 단 완성해 가면서 그래프도안을 활용하는 것이 필수입니다.

완성치수
옷길이 42c,
가슴둘레 88c, 어깨너비 44c

재료
WOOL 파란색(60g), 흰색(60g),
하늘색+흰색 합사(50g)

사용바늘
5mm 대바늘, 6mm 대바늘

게이지
메리야스뜨기 사방 10c 17코 24단

❶ 사진 속 실과 비슷한 굵기의 소재를 준비합니다.
❷ 도안의 무늬뜨기를 확인하여 사방 10c의 스와치를 뜨고, 스티밍한 후 게이지와 동일한지 확인합니다. 사용바늘과 확인된 게이지를 기재합니다.

사용바늘	게이지

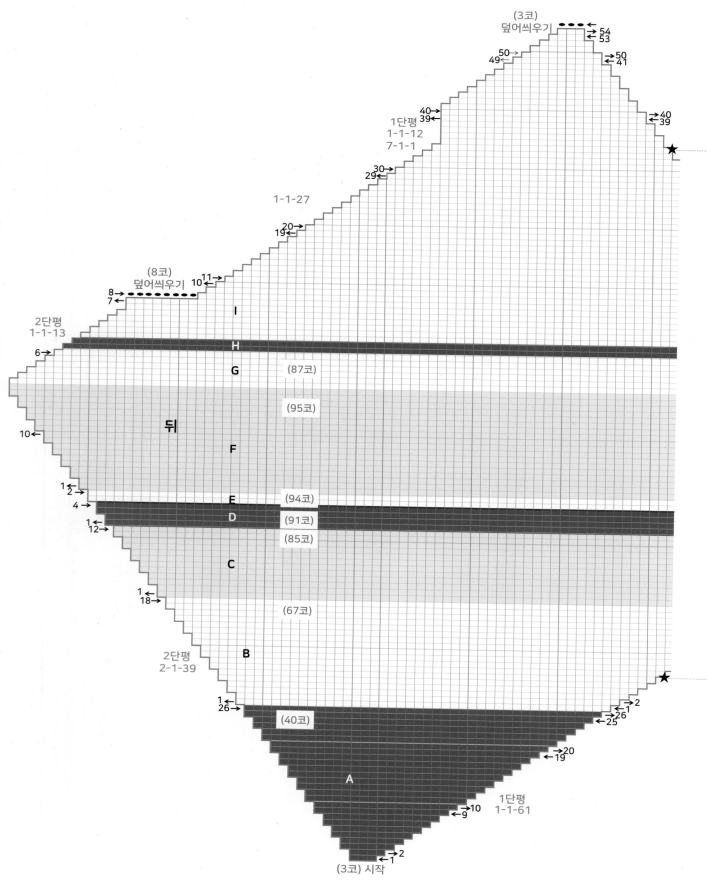

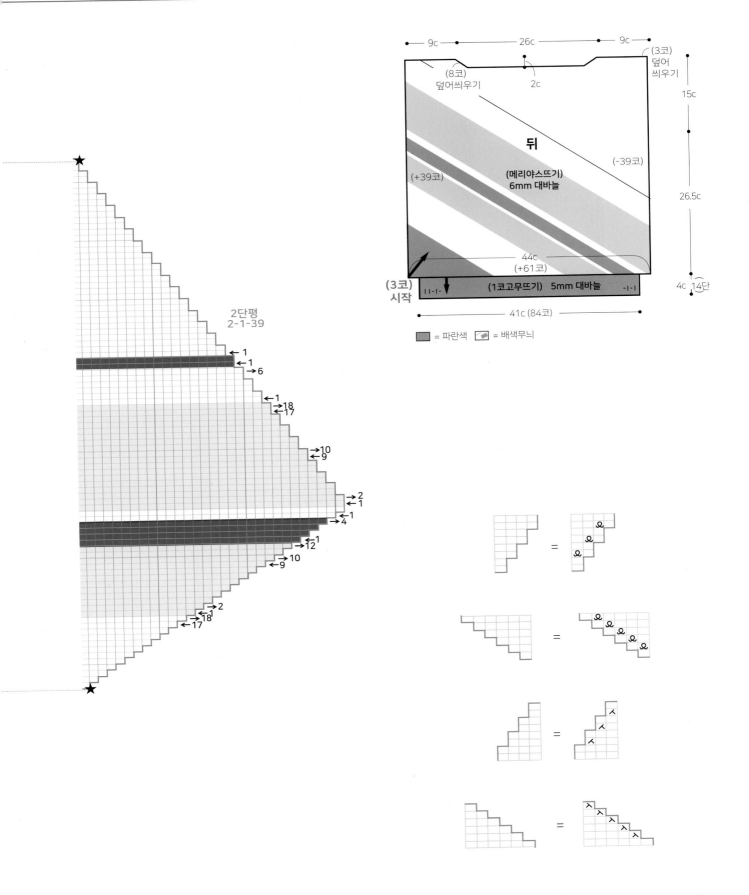

9c — 26c — 9c

(3코)
덮어
씌우기

(8코)
덮어씌우기

2c

15c

뒤

(메리야스뜨기)
6mm 대바늘

(-39코)

(+39코)

26.5c

44c
(+61코)

(3코)
시작

| I -I- | (1코고무뜨기) 5mm 대바늘 | -I-I |

4c 14단

41c (84코)

■ = 파란색   ◨ = 배색무늬

2단평
2-1-39

←1
←1
←6

←1
→18
←17

→10
←9

→2
←1

→1
←4

←1
→12 ←1

→10
←9

→2
←18
←17

뒤 표시 구분은 색상 변경이 기준

파란색 A

1단 6mm 대바늘을 사용하여 파란색 실로 손가락 걸어 코만들기 3코를 만든다.

2단 안뜨기 2코, 돌려안뜨기 코늘리기, 안뜨기 1코

3단 겉뜨기 1코, 돌려뜨기 코늘리기, 겉뜨기 2코, 돌려뜨기 코늘리기, 겉뜨기 1코

4단 안뜨기 5코, 돌려안뜨기 코늘리기, 안뜨기 1코

그래프도안을 확인하여 26단을 뜬다.

흰색 B

1단 겉뜨기 1코, 돌려뜨기 코늘리기, 겉뜨기 38코, 돌려뜨기 코늘리기, 겉뜨기 1코

2단 안뜨기 41코, 돌려안뜨기 코늘리기, 안뜨기 1코

3단 겉뜨기 1코, 돌려뜨기 코늘리기, 겉뜨기 41코, 돌려뜨기로 코늘리기, 겉뜨기 1코

4단 안뜨기 44코, 돌려안뜨기 코늘리기, 안뜨기 1코

그래프도안을 확인하여 18단을 뜬다.

하늘색+흰색 합사 C

1단 겉뜨기 1코, 돌려뜨기 코늘리기, 겉뜨기 65코, 돌려뜨기 코늘리기, 겉뜨기 1코

2단 안뜨기 68코, 돌려안뜨기 코늘리기, 안뜨기 1코

3단 겉뜨기 1코, 돌려뜨기 코늘리기, 겉뜨기 68코, 돌려뜨기 코늘리기, 겉뜨기 1코

4단 안뜨기 71코, 돌려안뜨기 코늘리기, 안뜨기 1코

그래프도안을 확인하여 12단을 뜬다.

파란색 D

1단 겉뜨기 1코, 돌려뜨기 코늘리기, 겉뜨기 83코, 돌려뜨기 코늘리기, 겉뜨기 1코

2단 안뜨기 86코, 돌려안뜨기 코늘리기, 안뜨기 1코

3단 겉뜨기 1코, 돌려뜨기 코늘리기, 겉뜨기 86코, 돌려뜨기 코늘리기, 겉뜨기 1코

4단 안뜨기 89코, 돌려안뜨기 코늘리기, 안뜨기 1코

흰색 E

1단 겉뜨기 1코, 돌려뜨기 코늘리기, 겉뜨기 89코, 돌려뜨기 코늘리기, 겉뜨기 1코

2단 안뜨기 92코, 돌려안뜨기 코늘리기, 안뜨기 1코

하늘색+흰색 합사 F

1단 겉뜨기 93코, 돌려뜨기 코늘리기, 겉뜨기 1코

2단 안뜨기 95코

3단 오른2코모아뜨기, 겉뜨기 92코, 돌려뜨기 코늘리기, 겉뜨기 1코

4단 안뜨기 95코, 3단과 4단을 반복하여 18단까지 뜬다.

흰색 G

1단 오른2코모아뜨기, 겉뜨기 93코

2단 오른2코모아안뜨기, 안뜨기 92코

3단 오른2코모아뜨기, 겉뜨기 89코, 왼2코모아뜨기

4단 오른2코모아안뜨기, 안뜨기 89코

5단 오른2코모아뜨기, 겉뜨기 86코, 왼2코모아뜨기

6단 오른2코모아안뜨기, 안뜨기 86코

파란색 H

1단 오른2코모아뜨기, 겉뜨기 83코, 왼2코모아뜨기

2단 오른2코모아안뜨기, 안뜨기 83코

흰색 I

1단 오른2코모아뜨기, 겉뜨기 80코, 왼2코모아뜨기

2단 오른2코모아안뜨기, 안뜨기 80코, 1단과 2단을 반복하여 6단까지 뜬다.

7단 오른2코모아뜨기, 겉뜨기 73코

8단 안뜨기 덮어씌우기 8코, 안뜨기 66코

9단 오른2코모아뜨기, 겉뜨기 62코, 왼2코모아뜨기

10단 오른2코모아안뜨기, 안뜨기 62코, 9단과 10단을 반복하여 34단까지 뜬다.

35단 오른2코모아뜨기, 겉뜨기 23코, 왼2코모아뜨기

36단 안뜨기 25코

37단 오른2코모아뜨기, 겉뜨기 23코, 36단과 37단을 반복하여 41단까지 뜬다.

42단 오른2코모아안뜨기, 안뜨기 20코

43단 오른2코모아뜨기, 겉뜨기 17코, 왼2코모아뜨기, 42단과 43단을 반복하여 54단까지 뜬다. 겉뜨기 덮어씌우기 3코

밑단

1단 5mm 대바늘을 사용하여 파란색 실로 1코고무뜨기 (오른쪽 끝이 겉뜨기 2코, 왼쪽 끝이 겉뜨기 1코인 경우) 총 84코를 코줍기한다.

2단 1코고무뜨기(오른쪽 끝이 겉뜨기 2코, 왼쪽 끝이 겉뜨기 1코인 경우), 2단을 반복하여 14단까지 뜬다. 1코고무뜨기 덮어씌우기 코마무리한다.

앞 표시 구분은 색상 변경이 기준

파란색 A

1단 6mm 대바늘을 사용하여 파란색 실로 손가락 걸어 코만들기 3코를 만든다.

2단 안뜨기 1코, 돌려안뜨기 코늘리기, 안뜨기 2코

3단 겉뜨기 1코, 돌려뜨기 코늘리기, 겉뜨기 2코, 돌려뜨기 코늘리기, 겉뜨기 1코

4단 안뜨기 1코, 돌려안뜨기 코늘리기, 안뜨기 5코

5단 겉뜨기 1코, 돌려뜨기 코늘리기, 겉뜨기 5코, 돌려뜨기 코늘리기, 겉뜨기 1코

6단 안뜨기 1코, 돌려안뜨기 코늘리기, 안뜨기 8코

그래프도안을 확인하여 26단까지 뜬다.

흰색 B

1단 겉뜨기 1코, 돌려뜨기 코늘리기, 겉뜨기 38코, 돌려뜨기 코늘리기, 겉뜨기 1코

2단 안뜨기 1코, 돌려안뜨기 코늘리기, 안뜨기 41코

3단 겉뜨기 1코, 돌려뜨기 코늘리기, 겉뜨기 41코, 돌려뜨기 코늘리기, 겉뜨기 1코

4단 안뜨기 1코, 돌려안뜨기 코늘리기, 안뜨기 44코

5단 겉뜨기 1코, 돌려뜨기 코늘리기, 겉뜨기 44코, 돌려뜨기 코늘리기, 겉뜨기 1코

6단 안뜨기 1코, 돌려안뜨기 코늘리기, 안뜨기 47코

그래프도안을 확인하여 18단을 뜬다.

하늘색+흰색 합사 C

1단 겉뜨기 1코, 돌려뜨기 코늘리기, 겉뜨기 65코, 돌려뜨기 코늘리기, 겉뜨기 1코

2단 안뜨기 1코, 돌려안뜨기 코늘리기, 안뜨기 68코

3단 겉뜨기 1코, 돌려뜨기 코늘리기, 겉뜨기 68코, 돌려뜨기 코늘리기, 겉뜨기 1코

4단 안뜨기 1코, 돌려안뜨기 코늘리기, 안뜨기 71코

그래프도안을 확인하여 12단을 뜬다.

파란색 D

1단 겉뜨기 1코, 돌려뜨기 코늘리기, 겉뜨기 83코, 돌려뜨기 코늘리기, 겉뜨기 1코

2단 안뜨기 1코, 돌려안뜨기 코늘리기, 안뜨기 86코

3단 겉뜨기 1코, 돌려뜨기 코늘리기, 겉뜨기 86코, 돌려뜨기 코늘리기, 겉뜨기 1코

4단 안뜨기 1코, 돌려안뜨기 코늘리기, 안뜨기 89코

흰색 E

1단 겉뜨기 1코, 돌려뜨기 코늘리기, 겉뜨기 89코, 돌려뜨기 코늘리기, 겉뜨기 1코

2단 안뜨기 1코, 돌려안뜨기 코늘리기, 안뜨기 92코

하늘색+흰색 합사 F

1단 겉뜨기 1코, 돌려뜨기 코늘리기, 겉뜨기 93코

2단 안뜨기 95코

3단 겉뜨기 1코, 돌려뜨기 코늘리기, 겉뜨기 92코, 왼2코모아뜨기

4단 안뜨기 95코, 3단과 4단을 반복하여 18단까지 뜬다.

흰색 G

1단 겉뜨기 93코, 왼2코모아뜨기

2단 안뜨기 92코, 왼2코모아안뜨기

3단 오른2코모아뜨기, 겉뜨기 89코, 왼2코모아뜨기

4단 안뜨기 89코, 왼2코모아안뜨기

5단 오른2코모아뜨기, 겉뜨기 86코, 왼2코모아뜨기,

6단 안뜨기 86코, 왼2코모아안뜨기

파란색 H

1단 오른2코모아뜨기, 겉뜨기83코, 왼2코모아뜨기

2단 안뜨기86코, 왼2코모아안뜨기

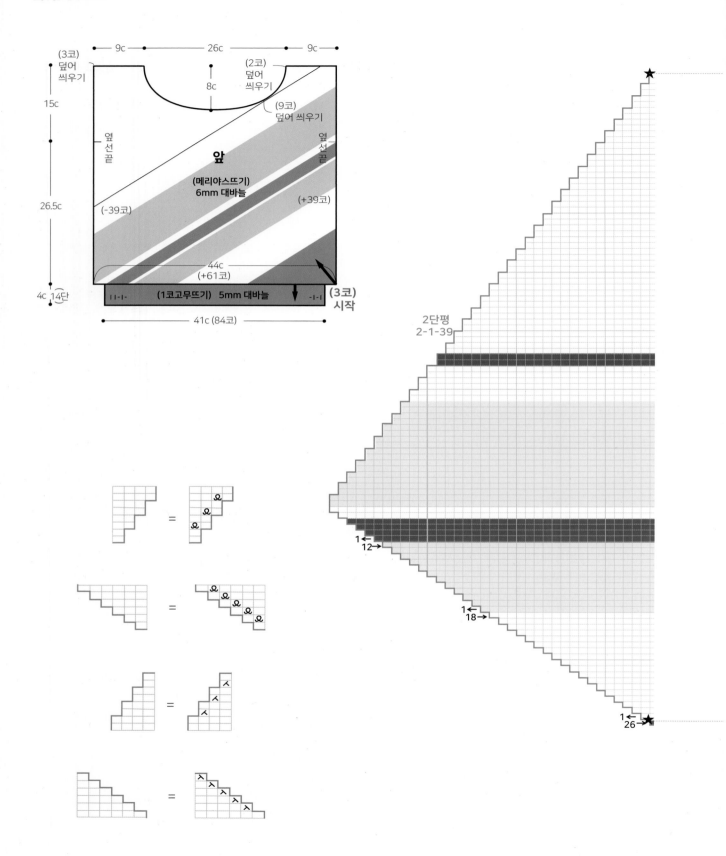

9c · 26c · 9c

(3코)
덮어
씌우기

15c

8c

(2코)
덮어
씌우기

(9코)
덮어 씌우기

옆선끝

옆선끝

앞

(메리야스뜨기)
6mm 대바늘

(-39코)

(+39코)

26.5c

44c
(+61코)

4c 14단

I I -I-

(1코고무뜨기) 5mm 대바늘

-I-I

(3코)
시작

41c (84코)

2단평
2-1-39

1←
12→

1←
18→

1←
26→

=

=

=

=

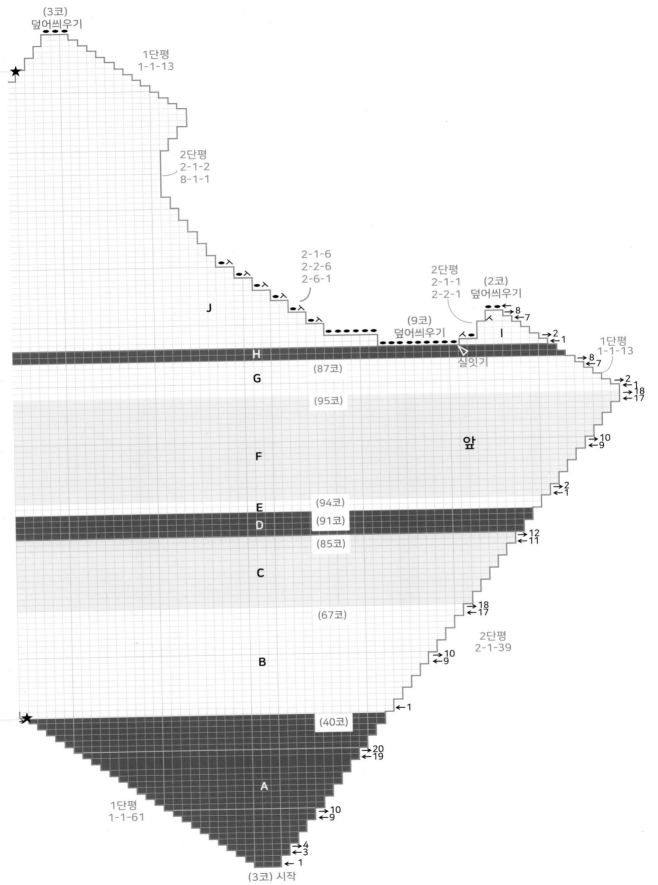

흰색(오른쪽) I

1단 오른2코모아뜨기, 겉뜨기 9코

2단 오른2코모아안뜨기, 안뜨기 덮어씌우기 1코, 안뜨기 6코, 왼2코모아안뜨기

3단 오른2코모아뜨기, 겉뜨기 5코

4단 안뜨기 4코, 오른2코모아안뜨기

5단 오른2코모아뜨기, 겉뜨기 1코, 왼2코모아뜨기

6단 안뜨기 1코, 오른2코모아안뜨기, 겉뜨기 덮어씌우기 2코

흰색(왼쪽) J

1단 새 실을 연결해서 겉뜨기 덮어씌우기 9코, 겉뜨기 62코, 왼2코모아뜨기

2단 안뜨기 63코

3단 겉뜨기 덮어씌우기 6코, 겉뜨기 55코, 왼2코모아뜨기

4단 안뜨기 56코

5단 오른2코모아뜨기, 겉뜨기 덮어씌우기 1코, 겉뜨기 52코, 왼2코모아뜨기

6단 안뜨기 53코, 5단과 6단을 반복하여 16단까지 뜬다.

17단 오른2코모아뜨기, 겉뜨기 34코, 왼2코모아뜨기

18단 안뜨기 36코, 17단과 18단을 반복하여 28단까지 뜬다.

29단 겉뜨기 24코, 왼2코모아뜨기

30단 안뜨기 25코, 29단과 30단을 반복하여 34단까지 뜬다.

35단 겉뜨기 1코, 돌려뜨기 코늘리기, 겉뜨기 20코, 왼2코모아뜨기

36단 안뜨기 23코, 35단과 36단을 반복하여 40단까지 뜬다.

41단 겉뜨기 21코, 왼2코모아뜨기

42단 안뜨기 20코, 왼2코모아안뜨기

43단 오른2코모아뜨기, 겉뜨기 17코, 왼2코모아뜨기

44단 안뜨기 17코, 왼2코모아안뜨기, 43단과 44단을 반복하여 54단까지 뜬다. 겉뜨기 덮어씌우기

밑단

뒤 밑단과 동일

마무리

앞과 뒤의 어깨를 떠서잇기하고, 옆선을 반박음질한다.

목둘레단

1단 5mm 대바늘을 사용하여 앞목 62코, 뒷목 48코 총 110코를 코줍기하고 원통뜨기를 한다.

2단 1코고무뜨기, 2단을 반복하여 8단까지 뜬다. 1코고무뜨기 덮어씌우기 코마무리한다.

진동둘레단

1단 5mm 대바늘을 사용하여 60코를 코줍기하고 원통뜨기를 한다.

2단 1코고무뜨기, 2단을 반복하여 8단까지 뜬다. 1코고무뜨기 덮어씌우기 코마무리한다.

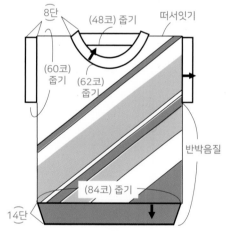

목둘레단, 진동둘레단 (흰색), **밑단** (파랑)
(1코고무뜨기) 5mm 대바늘

테크닉 사전
:
:

반박음질 half back stitch

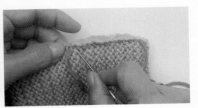

1. 뜨개바탕을 겉면과 겉면을 맞대어 놓고, 돗바늘을 뒤로 넣고 일정한 길이를 지나 다시 앞으로 빼낸다.

2. 1의 일정한 길이의 절반만큼 다시 뒤로 가서 돗바늘을 뒤로 넣고 일정한 길이의 1.5배 정도의 길이를 지나 다시 앞으로 빼낸다.

3. 2를 반복한다.

Tone on Tone

한 가지 색으로 하는 배색

단색 배색은 단조로울 수 있으므로 밝기, 색의 선명한 정도를 활용해 변화를 주거나 소재의 재질감, 형태감의 변화를 주는 것이 좋습니다. 이번 니팅 작품은 4개의 실자락의 수를 다르게 하여 파란색, 하늘색을 만들고 배열했습니다.

• 아래 스케치에 자유롭게 컬러링하고 실을 찾아 붙여 보세요.

• 다음 스타일화에 자유롭게 컬러링을 해 보세요.

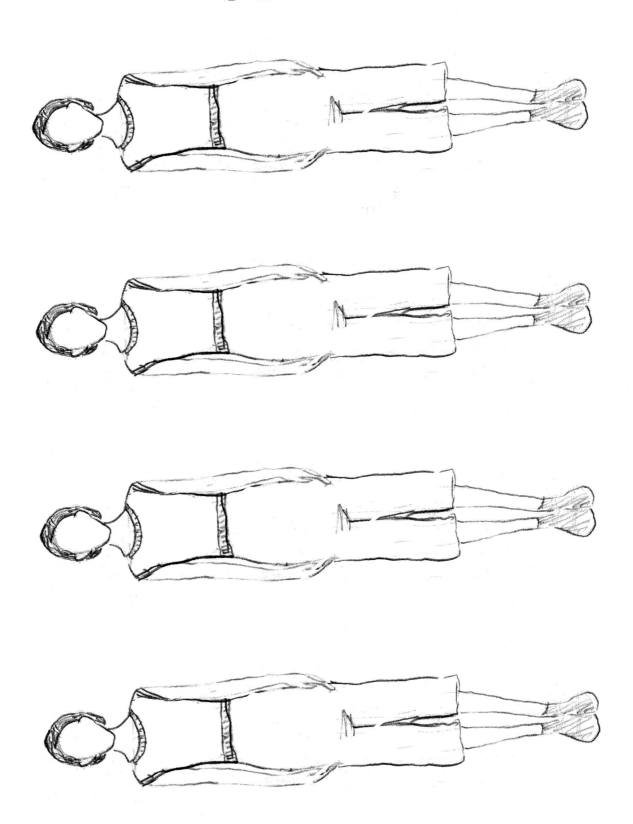

Intarsia &
Bias knitting

코의 자유로운 움직임

지금까지 베스트를 만드는 기초 기법과 도안보는 방법,
게이지 맞추기, 사이즈 변경, 색상 찾아보기 등을 해 보았다.
레벨 5에서는 한 코, 한 코의 움직임을
보다 자유롭게 표현된 니팅 작품을 소개한다.
이제 전개도와 그래프도안, 완성도를 보면서 완성해 보자.
핸드니팅으로 실을 엮어 입체감을 표현하고,
색상과 소재의 재질감을 바꾸며 또 다른 핸드니팅 작품을 만들 수 있다.
손에 닿는 재질감을 확인하며 핸드니팅을 즐겨 보자.
지금까지 누군가가 만들어 놓은 뜨기를 따라 떴다면
이제 작업노트를 작성하면서 진정한 나만의 베스트를 만들어 보자.

Pur &
Corduroy

Knit & Purl

나만의 시그니처를 표현하는 단계
도안 보고 뜨기 300% 완성

Level
★★★★★

5

High-Neck Open Vest

경사뜨기와 코듀로이 앤 퍼
하이넥 오픈 베스트

퍼(fur) 소재를 사용한 스탠드 칼라로 턱과 볼에 닿는 실의 촉감도 고려하며, 보다 더 따뜻함을 주도록 디자인했습니다.

벨벳 재질의 날개사 소재와 1코고무뜨기 기법을 함께 사용하고, 코듀로이나 스웨이드와 같은 텍스처를 구현했습니다.

가슴을 가로지르는 검은색 사선의 배색은 패셔너블함과 함께 날씬해 보이는 효과도 줍니다.

#골덴베스트 #코듀로이 #오픈베스트 #사선기법

경사뜨기와 코듀로이 앤 퍼 하이넥 오픈 베스트

베스트 만들기를 경험했던 분들에게도 재미있을 새로운 뜨기를 소개합니다. 코를 줄이는 다양한 방법을 모두 마스터할 수도 있습니다. 어깨경사로 사용되는 기법을, 색을 바꿔 활용했으니 경사뜨기를 마스터해 봅시다.
베이지 색에 밝기를 조절하고, 소재의 재질감에 변화를 주었습니다. 소재의 특성을 살려 적용하며 나만의 독특한 핸드니팅의 즐거움을 더해 보세요.

완성치수
옷길이 51c,
가슴둘레 92c, 어깨너비 30c

재료
FUR 베이지색(100g),
WOOL 검은색(50g),
POLY 브라운색(150g),
25mm 단추 5개

사용바늘
4mm 대바늘, 5mm 대바늘

게이지
메리야스뜨기 사방 10c 13코 26단
(POLY 기준)

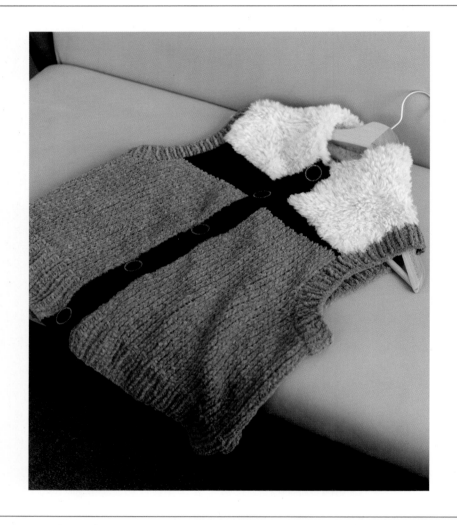

❶ 사진 속 실과 비슷한 굵기의 소재를 준비합니다.
❷ 도안의 무늬뜨기를 확인하여 사방 10c의 스와치를 뜨고, 스티밍한 후 게이지와 동일한지 확인합니다. 사용바늘과 확인된 게이지를 기재합니다.

사용바늘	게이지

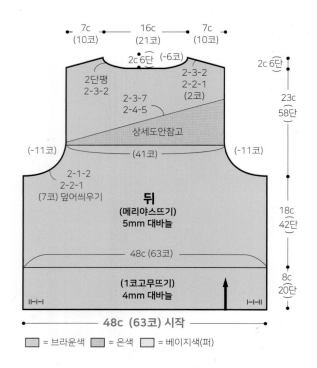

7c
(10코)   16c
(21코)   7c
(10코)

2c 6단   (-6코)

2단평
2-3-2

2-3-2
2-2-1
(2코)

2-3-7
2-4-5

2c 6단

23c
58단

상세도안참고

(-11코)   (41코)   (-11코)

2-1-2
2-2-1
(7코) 덮어씌우기

뒤
(메리야스뜨기)
5mm 대바늘

18c
42단

48c (63코)

8c
20단

(1코고무뜨기)
4mm 대바늘

48c (63코) 시작

▢ = 브라운색 ▢ = 은색 ▢ = 베이지색(퍼)

뒤

밑단

1단 4mm 대바늘을 사용하여 브라운색 실로 손가락 걸어 코 만들기 63코를 만든다.

2단 안뜨기 2코, 1코고무뜨기, 안뜨기 2코

3단 겉뜨기 2코, 1코고무뜨기, 겉뜨기 2코, 2단과 3단을 반복하여 20단까지 뜬다.

몸통

1단 5mm 대바늘을 사용하여 겉뜨기 63코

2단 안뜨기 63코, 1단과 2단을 반복하여 42단까지 뜬다.

진동, 경사뜨기

1단 겉뜨기 덮어씌우기 7코, 겉뜨기 56코, 2단에서 7단까지 진동을 줄이며 뜬다.

8단 안뜨기 41코

9단 겉뜨기 41코, 8단과 9단을 반복하여 17단까지 뜬다.

18단 검은색 실로 바꿔 안뜨기 41코 뜬다.

19단 겉뜨기 37코, 4코 남겨 되돌아뜨기

20단 바늘비우기, 걸러뜨기, 안뜨기 36코, 19단과 20단을 반복하여 28단까지 뜬다.

29단 겉뜨기 18코, 3코 남겨 되돌아뜨기

30단 바늘비우기, 걸러뜨기, 안뜨기 17코, 상새도안을 참고해서 40단까지 뜬다.

41단 겉뜨기를 뜨면서 단 정리한다.

42단 브라운색 실로 바꿔 안뜨기 4코, 되돌아뜨기

43단 바늘비우기, 걸러뜨기, 겉뜨기 3코

44단 안뜨기 4코, 4코 늘려 되돌아뜨기(※ 늘려 되돌아뜨기 코 수 중 첫 코는 앞단의 바늘비우기와 모아뜨기한다.)

45단 바늘비우기, 걸러뜨기, 겉뜨기 7코, 44단과 45단을 반복하여 51단까지 뜬다.

52단 안뜨기 20코, 3코 늘려 되돌아뜨기

53단 바늘비우기, 걸러뜨기, 겉뜨기 22코, 52단과 53단을 반복하여 63단까지 뜬다.

64단 안뜨기 41코

65단 겉뜨기 41코

66단 안뜨기 41코, 65단과 66단을 반복하여 78단까지 뜬다.

79단 겉뜨기 41코

80단 안뜨기 39코, 2코 남겨 되돌아뜨기

목둘레와 어깨(우)

1단 바늘비우기, 걸러뜨기, 겉뜨기 13코, 나머지 코는 쉬어둔다.

2단 오른2코모아안뜨기, 안뜨기 덮어씌우기 2코, 안뜨기 9코, 2코 남겨 되돌아뜨기

3단 바늘비우기, 걸러뜨기, 겉뜨기 8코

4단 오른2코모아안뜨기, 안뜨기 덮어씌우기 2코, 안뜨기 3코, 3코 남겨 되돌아뜨기

5단 바늘비우기, 걸러뜨기, 안뜨기 2코

6단 안뜨기를 뜨면서 단정리하고 버림뜨기 5단을 뜬다.

목둘레와 어깨(좌)

1단 해당 위치에 새 실을 연결하고 겉뜨기 덮어씌우기 9코, 겉뜨기 14코, 2코 남겨 되돌아뜨기

2단 바늘비우기, 걸러뜨기, 안뜨기 13코

3단 오른2코모아뜨기, 겉뜨기 덮어씌우기 2코, 겉뜨기 9코, 2코 남겨 되돌아뜨기

4단 바늘비우기, 걸러뜨기, 안뜨기 8코

5단 오른2코모아뜨기, 겉뜨기 덮어씌우기 2코, 겉뜨기 3코, 3코 남겨 되돌아뜨기

6단 바늘비우기, 걸러뜨기, 안뜨기 2코

7단 겉뜨기를 뜨면서 단정리하고 버림뜨기 5단을 뜬다.

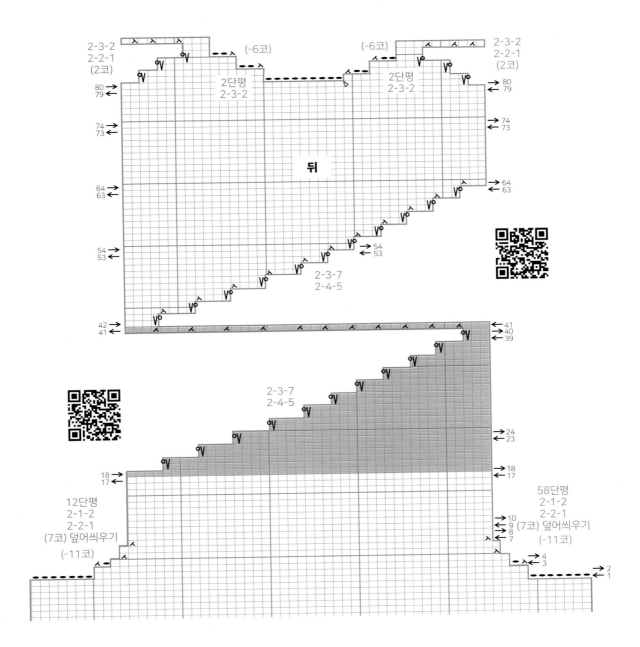

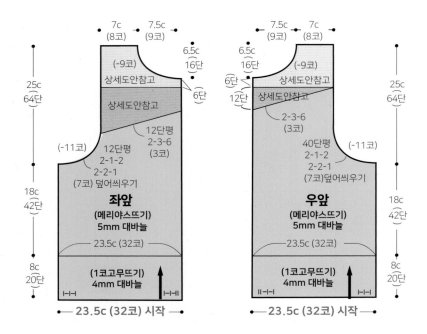

좌앞

밑단

1단 4mm 대바늘을 사용하여 브라운색 실로 손가락으로 걸어 만들기 32코를 만든다.

2단 (안뜨기 1코, 겉뜨기 1코) 15회 반복, 안뜨기 2코

3단 겉뜨기 2코, (안뜨기 1코, 겉뜨기 1코) 15회 반복, 2단과 3단을 반복하여 20단까지 뜬다

몸통

1단 5mm 대바늘을 사용하여 겉뜨기 32코

2단 안뜨기 32코, 1단과 2단을 반복하여 42단까지 뜬다.

진동

1단 겉뜨기 32코

2단 안뜨기 덮어씌우기 7코, 안뜨기 25코

3단 겉뜨기 25코

4단 오른2코모아안뜨기, 안뜨기 덮어씌우기 1코, 안뜨기 23코

5단 겉뜨기 21코, 왼2코모아뜨기

6단 안뜨기 22코

7단 겉뜨기 20코, 왼2코모아뜨기

8단 안뜨기 21코

9단 겉뜨기 21코, 8단과 9단을 반복하여 18단까지 뜬다.

19단 겉뜨기 18코, 3코 남겨 되돌아뜨기

20단 바늘비우기, 걸러뜨기, 안뜨기 17코, 19단과 20단을 반복하여 30단까지 뜬다.

31단 겉뜨기로 뜨면서 단 정리한다.

32단 검은색 실로 바꿔 안뜨기 3코, 되돌아뜨기

33단 바늘비우기, 걸러뜨기, 겉뜨기 2코

34단 안뜨기 3코, 3코 늘려 되돌아뜨기(※늘려 되돌아뜨기 콧수 중 첫 코는 앞단의 바늘비우기와 모아뜨기한다.)

35단 바늘비우기, 걸러뜨기, 겉뜨기 5코, 34단과 35단을 반복하여 43단까지 뜬다.

44단 안뜨기를 뜨면서 단 정리한다.

45단 겉뜨기 21코

46단 안뜨기 21코, 45단과 46단을 반복하여 54단까지 뜬다.

목둘레와 어깨

1단 베이지색 실로 바꿔 겉뜨기 3코, 왼2코모아뜨기, 겉뜨기 2코, 왼2코모아뜨기, 겉뜨기 3코, 왼2코모아뜨기, 겉뜨기 2코, 왼2코모아뜨기, 겉뜨기 3코

2단 안뜨기 17코, 1단과 2단을 반복하여 6단까지 뜬다.

7단 겉뜨기 덮어씌우기 5코, 겉뜨기 12코

8단 안뜨기 12코

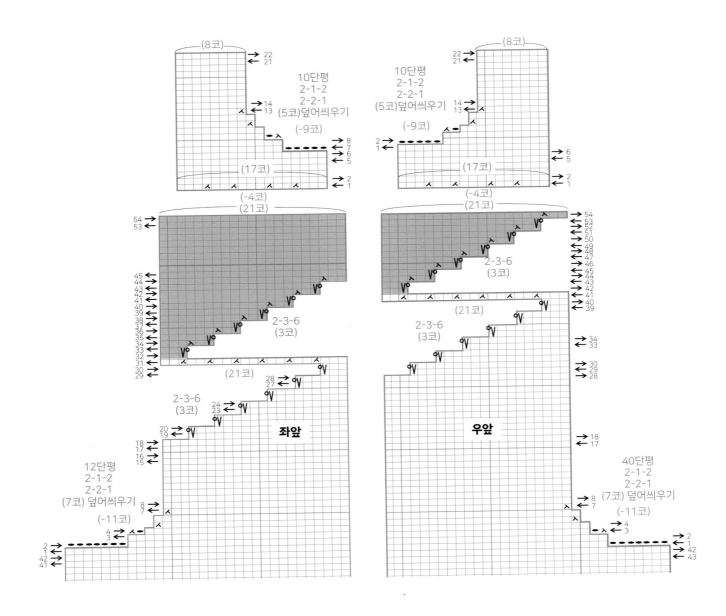

9단   오른2코모아뜨기, 겉뜨기 덮어씌우기 1코, 겉뜨기 10코

10단   안뜨기 10코

11단   왼2코모아뜨기, 겉뜨기 8코

12단   안뜨기 9코

13단   왼2코모아뜨기, 겉뜨기 7코

14단   안뜨기 8코

15단   겉뜨기 8코, 14단과 15단을 반복하여 22단까지 뜨고 버림
뜨기 5단을 뜬다.

우앞

밑단

1단   4mm 대바늘을 사용하여 브라운색 실로 손가락 걸어 코
만들기 32코를 만든다.

2단   안뜨기 2코, (겉뜨기 1코, 안뜨기 1코)를 15회 반복

3단   (겉뜨기 1코, 안뜨기 1코)를 15회 반복, 겉뜨기 2코, 2단과 3
단을 반복하여 20단까지 뜬다.

우앞

몸통

좌앞 몸통과 동일

진동

1단 겉뜨기 덮어씌우기 7코, 겉뜨기 25코

2단 안뜨기 25코

3단 오른2코모아뜨기, 겉뜨기 덮어씌우기 1코, 겉뜨기 23코

4단 안뜨기 23코

5단 왼2코모아뜨기, 겉뜨기 21코

6단 안뜨기 22코

7단 왼2코모아뜨기, 겉뜨기 20코

8단 안뜨기 21코

9단 겉뜨기 21코, 8단과 9단을 반복하여 28단까지 뜬다.

29단 겉뜨기 18코, 3코 남겨 되돌아뜨기

30단 바늘비우기, 걸러뜨기, 안뜨기 17코, 29단과 30단을 반복하여 40단까지 뜬다.

41단 겉뜨기로 뜨면서 단 정리한다.

42단 검은색 실로 바꿔 안뜨기 3코, 되돌아뜨기

43단 바늘비우기, 걸러뜨기, 겉뜨기 2코

44단 안뜨기 3코, 3코 늘려 되돌아뜨기(※늘려 되돌아뜨기 콧수 중 첫 코는 앞단의 바늘비우기와 모아뜨기한다.)

45단 바늘비우기, 걸러뜨기, 겉뜨기 5코, 44단과 45단을 반복하여 53단까지 뜬다.

54단 안뜨기 21코

목둘레와 어깨

1단 베이지색 실로 바꿔 겉뜨기 3코, 왼2코모아뜨기, 겉뜨기 2코, 왼2코모아뜨기, 겉뜨기 3코, 왼2코모아뜨기, 겉뜨기 2코, 왼2코모아뜨기, 겉뜨기 3코

2단 안뜨기 17코, 1단과 2단을 반복하여 7단까지 뜬다.

8단 안뜨기 덮어씌우기 5코, 안뜨기 12코

9단 겉뜨기 12코

10단 오른2코모아안뜨기, 안뜨기 덮어씌우기 1코, 안뜨기 10코

11단 겉뜨기 8코, 왼2코모아뜨기

12단 안뜨기 9코

13단 겉뜨기 7코, 왼2코모아뜨기

14단 안뜨기 8코

15단 겉뜨기 8코, 14단과 15단을 반복하여 22단까지 뜨고 버림뜨기 5단을 뜬다.

마무리

뒤와 좌앞, 우앞의 어깨를 덮어씌워잇기하고 옆선을 떠서 꿰매기한다.

목둘레단

1단 5mm 대바늘을 사용하여 베이지색 실로 뒷목 19코, 좌앞과 우앞에서 각각 13코, 총 45코 코줍기한다.

2단 (안뜨기 1코, 겉뜨기 1코) 22회 반복, 안뜨기 1코

3단 (겉뜨기 1코, 안뜨기 1코) 22회 반복, 겉뜨기 1코, 2단과 3단을 반복하여 10단을 뜬다. 1코고무뜨기 덮어씌우기 코마무리한다.

진동둘레단

1단 4mm 대바늘을 사용하여 베이지색 실로 양 진동에서 각각 84코 코줍기한다.

2단 1코고무뜨기

3단 1코고무뜨기, 2단과 3단과 반복하여 8단까지 뜬다. 1코고무뜨기 덮어씌우기 코마무리한다.

앞단

1단 4mm 대바늘을 사용하여 베이지색 실로 좌앞과 우앞의 각 앞단에서 각각 67코 코줍기한다.

2단 (안뜨기 1코, 겉뜨기 1코) 22회 반복, 안뜨기 1코

3단 (겉뜨기 1코, 안뜨기 1코) 22회 반복, 겉뜨기 1코, 2단과 3단을 반복하여 8단을 뜬다. 1코고무뜨기 덮어씌우기 코마무리한다. 이때 우앞 앞단 간격에 맞게 5개의 단추를 단다.

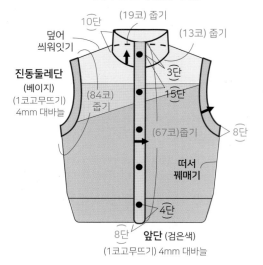

목둘레단 (베이지)
(메리야스뜨기) 5mm 대바늘
(19코) 줍기
10단
(13코) 줍기
덮어 씌워잇기
3단
진동둘레단 (베이지)
(1코고무뜨기) 4mm 대바늘
(84코) 줍기
15단
(67코)줍기
8단
떠서 꿰매기
4단
8단
앞단 (검은색)
(1코고무뜨기) 4mm 대바늘

Stand-Collar Zip-Up Jacket

러프한 골진무늬
스탠드 칼라 집업 재킷

허리길이와 옆선 라인을 핏한 실루엣으로 끌어낸 재킷 스타일입니다. 겉뜨기와 안뜨기만으로 만드는 골진무늬도 소개 합니다. 플라스틱 재질의 후크 장식이 실을 꼬아 만든 두툼한 셔닐(Chenille) 소재와 어우러져 매력적인 디자인으로 완 성되었습니다. 약간 올라가도록 세운 스탠드 칼라도 패셔너블한 느낌을 더합니다.

#스포티니트 #심플베스트 #입체적인니트 #오픈베스트 #바디핏

러프한 골진무늬 스탠드 칼라 집업 재킷

이번 니팅 작품의 무늬는 입체감이 있어 어떻게 만들어졌는지 호기심이 생기지만, 자세히 들여다보면 기호도와 같이 겉뜨기 1코와 안뜨기 3코로 떠나가는 기초무늬입니다. 처음 몇 단은 단의 규칙이 헷갈릴 수 있지만 익숙해지면 리듬을 타며 니팅할 수 있습니다. 입체감을 깨트리지 않으면서 옆선을 늘리고, 진동을 줄이는 방법을 익혀봅시다. 스탠드 칼라의 무늬를 맞춰 떠 봅시다.

완성치수
옷길이 38.5c, 가슴둘레 86c

재료
Acrylic WOOL 에메랄드그린(200g),
버클 2개, 40cm 지퍼

사용바늘
5mm 대바늘, 6mm 대바늘

게이지
무늬뜨기 사방 10c 18코 22단

① 사진 속 실과 비슷한 굵기의 소재를 준비합니다.
② 도안의 무늬뜨기를 확인하여 사방 10c의 스와치를 뜨고, 스티밍한 후 게이지와 동일한지 확인합니다. 사용바늘과 확인된 게이지를 기재합니다.

사용바늘	게이지

뒤

몸통

1단 6mm 대바늘을 사용하여 손가락 걸어 코만들기 65코를 만든다.

2단 안뜨기 2코, 겉뜨기 1코, (안뜨기 3코, 겉뜨기 1코) 15회 반복, 안뜨기 2코

3단 (겉뜨기 1코, 안뜨기 3코) 16회 반복, 겉뜨기 1코, 2단과 3단을 반복하여 8단까지 뜬다.

9단 겉뜨기 1코, 돌려뜨기로 코늘리기, (안뜨기 3코, 겉뜨기 1코) 15회 반복, 안뜨기 3코, 돌려뜨기로 코늘리기, 겉뜨기 1코

10단 (안뜨기 3코, 겉뜨기 1코) 16회 반복, 안뜨기 3코.

11단 겉뜨기 2코, (안뜨기 3코, 겉뜨기 1코) 16회 반복, 겉뜨기 1코, 10단과 11단을 반복하여 16단까지 뜬다.
그래프도안을 확인하여 32단까지 뜬다.

진동

1단 겉뜨기 2코, 안뜨기 1코, 오른2코모아뜨기, 안뜨기 2코, 겉뜨기 1코, (안뜨기 3코, 겉뜨기 1코) 14회 반복, 안뜨기 2코, 왼2코모아뜨기, 안뜨기 1코, 겉뜨기 2코

2단 안뜨기 3코, 오른2코모아안뜨기, (안뜨기 3코, 겉뜨기 1코) 14회 반복, 안뜨기 3코, 왼2코모아안뜨기, 안뜨기 3코

3단 겉뜨기 2코, 안뜨기 1코, 오른2코모아뜨기, 겉뜨기 1코, (안뜨기 3코, 겉뜨기 1코) 14회 반복, 왼2코모아뜨기, 안뜨기 1코, 겉뜨기 2코

4단 안뜨기 3코, 오른2코모아안뜨기, 안뜨기 1코, 겉뜨기 1코, (안뜨기 3코, 겉뜨기 1코) 13회 반복, 안뜨기 1코, 왼2코모아안뜨기, 안뜨기 3코, 기호도를 참고하여 12단까지 뜬다.

13단 겉뜨기 2코, 안뜨기 1코, 겉뜨기 1코, (안뜨기 3코, 겉뜨기 1코) 12회 반복, 안뜨기 1코, 겉뜨기 2코

14단 안뜨기 5코, 겉뜨기 1코, (안뜨기 3코, 겉뜨기 1코) 11회 반복, 안뜨기 5코, 13단과 14단을 반복하여 39단까지 뜬다.

목둘레와 어깨

40단 안뜨기 5코, 겉뜨기 1코, (안뜨기 3코, 겉뜨기 1코) 11회 반복, 안뜨기 2코, 3코 남겨 되돌아뜨기

41단 바늘비우기, 걸러뜨기, (안뜨기 3코, 겉뜨기 1코) 12회 반복, 3코 남겨 되돌아뜨기

42단 바늘비우기, 걸러뜨기, 안뜨기 1코, 겉뜨기 1코, (안뜨기 3코, 겉뜨기 1코) 10회 반복, 안뜨기 3코, 3코 남겨 되돌아뜨기

43단 바늘비우기, 걸러뜨기, 겉뜨기 1코, (안뜨기 3코, 겉뜨기 1코) 10회 반복, 겉뜨기 1코, 3코 남겨 되돌아뜨기

44단 바늘비우기, 걸러뜨기, 안뜨기 2코, 겉뜨기 1코, (안뜨기 3코, 겉뜨기 1코) 8회 반복, 안뜨기 3코, 4코 남겨 되돌아뜨기

45단 바늘비우기, 걸러뜨기, 겉뜨기 1코, (안뜨기 3코, 겉뜨기 1코) 8회 반복, 겉뜨기 2코, 4코 남겨 되돌아뜨기

46단 바늘비우기, 걸러뜨기, 안뜨기 2코, 겉뜨기 1코, (안뜨기 3코, 겉뜨기 1코) 6회 반복, 안뜨기 4코, 3코 남겨 되돌아뜨기

47단 바늘비우기, 걸러뜨기, 안뜨기 1코, 겉뜨기 1코, (안뜨기 3코, 겉뜨기 1코) 6회 반복, 안뜨기 2코, 3코 남겨 되돌아뜨기

48단 바바늘비우기, 걸러뜨기, (안뜨기 3코, 겉뜨기 1코) 6회 반복, 17코를 안뜨기로 단 정리하고 버림뜨기 5단을 뜬다

49단 단 정리하고 버림뜨기한 17코를 제외하고 뜨기 2코, 겉뜨기 1코, (안뜨기 3코, 겉뜨기 1코) 4회 반복, 안뜨기 2코, 17코를 겉뜨기로 단 정리하고 버림뜨기 5단을 뜬다. 버림뜨기한 코를 제외한 나머지 코는 쉬어둔다.

좌앞

몸통

1단 6mm 대바늘을 사용하여 손가락 걸어 코만들기 33코를 만든다.
그래프도안을 확인하여 32단을 뜬다.

진동

1단 겉뜨기 2코, 안뜨기 2코, (겉뜨기 1코, 안뜨기 3코) 6회 반복, 겉뜨기 1코, 안뜨기 2코, 왼2코모아뜨기, 안뜨기 1코, 겉뜨기 2코

2단 안뜨기 3코, 왼2코모아안뜨기, (안뜨기 3코, 겉뜨기 1코) 7회 반복, 안뜨기 2코

3단 겉뜨기 2코, 안뜨기 2코, (겉뜨기 1코, 안뜨기 3코) 6회 반복, 겉뜨기 1코, 왼2코모아뜨기, 안뜨기 1코, 겉뜨기 2코

4단 안뜨기 3코, 왼2코모아안뜨기, 겉뜨기 1코, 안뜨기 1코, (안뜨기 3코, 겉뜨기 1코) 6회 반복, 안뜨기 2코
그래프도안을 확인하여 32단까지 뜬다.

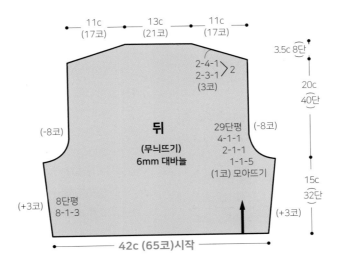

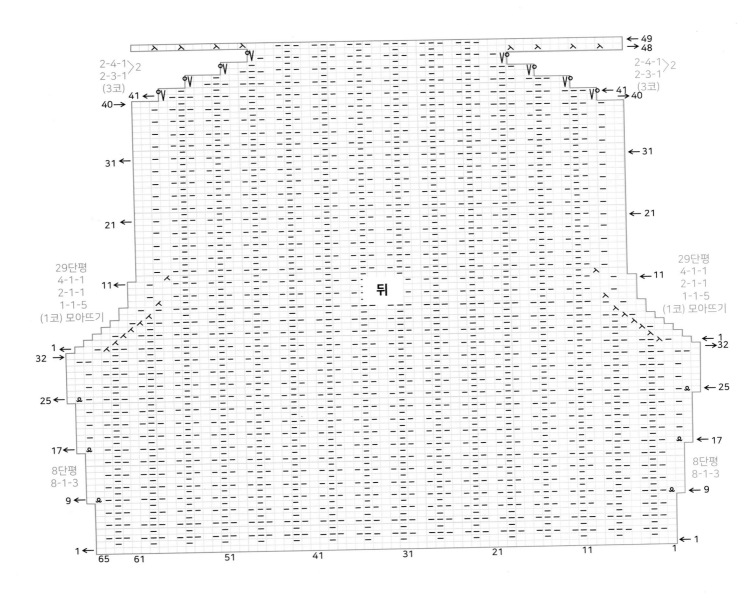

목둘레와 어깨

1단 겉뜨기 덮어씌우기 4코, (겉뜨기 1코, 안뜨기 3코) 5회 반복, 겉뜨기 1코, 안뜨기 1코, 겉뜨기 2코

2단 안뜨기 5코, (겉뜨기 1코, 안뜨기 3코) 4회 반복, 겉뜨기 1코, 안뜨기 2코

3단 오른2코모아뜨기, 겉뜨기 덮어씌우기 1코, 안뜨기 2코, (겉뜨기 1코, 안뜨기 3코) 4회 반복, 겉뜨기 1코, 안뜨기 1코, 겉뜨기 2코

4단 안뜨기 5코, (겉뜨기 1코, 안뜨기 3코) 4회 반복, 안뜨기 1코

5단 오른2코모아뜨기, 겉뜨기 덮어씌우기 1코, (겉뜨기 1코, 안뜨기 3코) 4회 반복, 겉뜨기 1코, 안뜨기 1코, 겉뜨기 2코

6단 안뜨기 5코, (겉뜨기 1코, 안뜨기 3코) 3회 반복, 겉뜨기 1코, 안뜨기 2코

7단 오른2코모아뜨기, 안뜨기 2코, (겉뜨기 1코, 안뜨기 3코) 3회 반복, 겉뜨기 1코, 안뜨기 1코, 겉뜨기 2코

8단 안뜨기 5코, (겉뜨기 1코, 안뜨기 3코) 3회 반복, 겉뜨기 1코, 안뜨기 1코

9단 오른2코모아뜨기, 안뜨기 1코, (겉뜨기 1코, 안뜨기 3코) 3회 반복, 겉뜨기 1코, 3코 남겨 되돌아뜨기

10단 바늘비우기, 걸러뜨기, (겉뜨기 1코, 안뜨기 3코) 3회 반복, 겉뜨기 1코

11단 오른2코모아뜨기, (겉뜨기 1코, 안뜨기 3코) 2회 반복, 겉뜨기 2코, 3코 남겨 되돌아뜨기

12단 바늘비우기, 걸러뜨기, 안뜨기 2코, (겉뜨기 1코, 안뜨기 3코) 2회 반복

13단 안뜨기 1코, 겉뜨기 1코, 안뜨기 3코, 겉뜨기 2코, 4코 남겨 되돌아뜨기

14단 바늘비우기, 걸러뜨기, 안뜨기 2코, 겉뜨기 1코, 안뜨기 3코

15단 안뜨기 1코, 겉뜨기 1코, 안뜨기 1코, 겉뜨기 1코, 3코 남겨 되돌아뜨기

16단 바늘비우기, 걸러뜨기, 안뜨기 3코

17단 17코를 겉뜨기로 단 정리하고 버림뜨기 5단을 뜬다.

우앞

좌앞을 참조하여 대칭으로 뜬다.

마무리

뒤와 앞의 어깨를 덮어씌워잇기로 연결하고, 옆선을 떠서 꿰매기한다.

목둘레단

1단 5mm 대바늘을 사용하여 앞목 20코, 뒷목 25코, 앞목 20코 코줍기한다.

2단 뒤와 앞 몸판의 무늬와 맞춰 12단을 뜬 다음, 덮어씌우기 코마무리한다.

40cm 지퍼를 꿰매어주고, 2개의 버클을 꿰매어 부착한다.

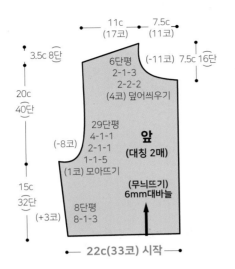

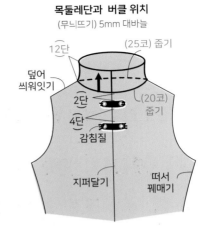

목둘레단과 버클 위치
(무늬뜨기) 5mm 대바늘

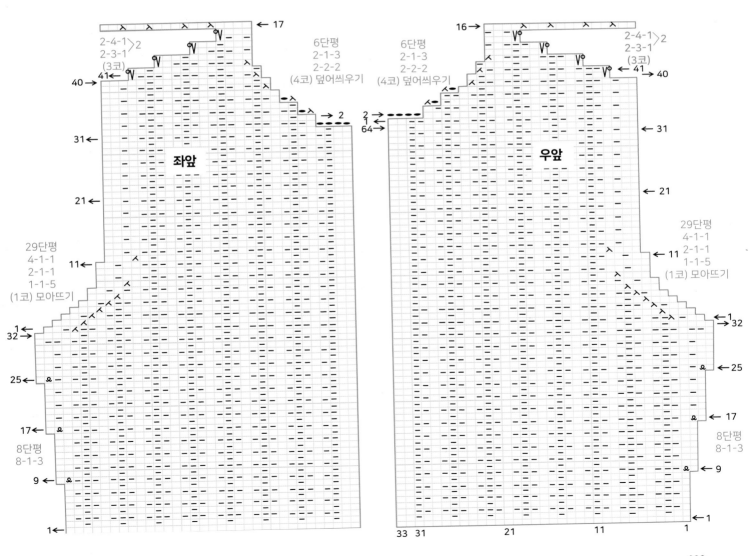

Y-Neck Open Vest

사선뜨기 화이트 앤 블랙

와이넥 오픈 베스트_하얀나무

오픈 형태의 드롭숄더 카디건 베스트입니다. <봄날> 뮤직비디오 마지막 장면에서 나오는 한 그루 나무가 너무나 강렬한 인상을 주어 머릿속에 강하게 남았습니다. 나뭇가지를 좌우대칭이 아닌, 자유로운 배치를 시도해 보았어요. 사선뜨기 테크닉은 이런 나무를 표현하는 데 너무나 적절합니다. 사선으로 무늬를 만들어 가며, 뒤판은 나뭇가지가 연장되듯 옆선에서 이어지기에 앞판과 뒤판의 연결에서도 재미를 느낄 수 있습니다. 좀처럼 볼 수 없는 코를 늘리고 줄이면서 실루엣을 만들어가는 과정이 있어 뜨기를 어느 정도 했다고 자신하는 분께 권합니다.

#봄날뮤직비디오 #나무스타일니트 #드롭숄더 #블랙앤화이트 #사선뜨기

사선뜨기 화이트 앤 블랙 와이넥 오픈 베스트

숙련자에게 권하는 니팅 작품입니다. 그래프도안과 리얼스팀본을 활용하여 코와 단을 꼭 확인하면서 제작하세요. 앞은 3코를 시작코로 하여 1단마다 코를 늘리거나, 2단마다 코를 늘리며 떠 나아가는 사선배색 무늬뜨기입니다. 앞과 뒤의 무늬 색상이 만나도록 디자인되어, 이를 맞춰 꿰매야 합니다. 뒤의 배색할 때 단수는 홀수단과 짝수단이 함께 있으니 집중해서 떠 보세요.

완성치수
옷길이 46c,
가슴둘레 92c, 어깨너비 50c

재료
WOOL 검은색(170g), 흰색(110g),
단추 직경 2.3mm 4개

사용바늘
5mm 대바늘, 6mm 대바늘

게이지
메리야스뜨기 사방 10c 16코 22단

❶ 사진 속 실과 비슷한 굵기의 소재를 준비합니다.
❷ 도안의 무늬뜨기를 확인하여 사방 10c의 스와치를 뜨고, 스티밍한 후 게이지와 동일한지 확인합니다. 사용바늘과 확인된 게이지를 기재합니다.

사용바늘	게이지

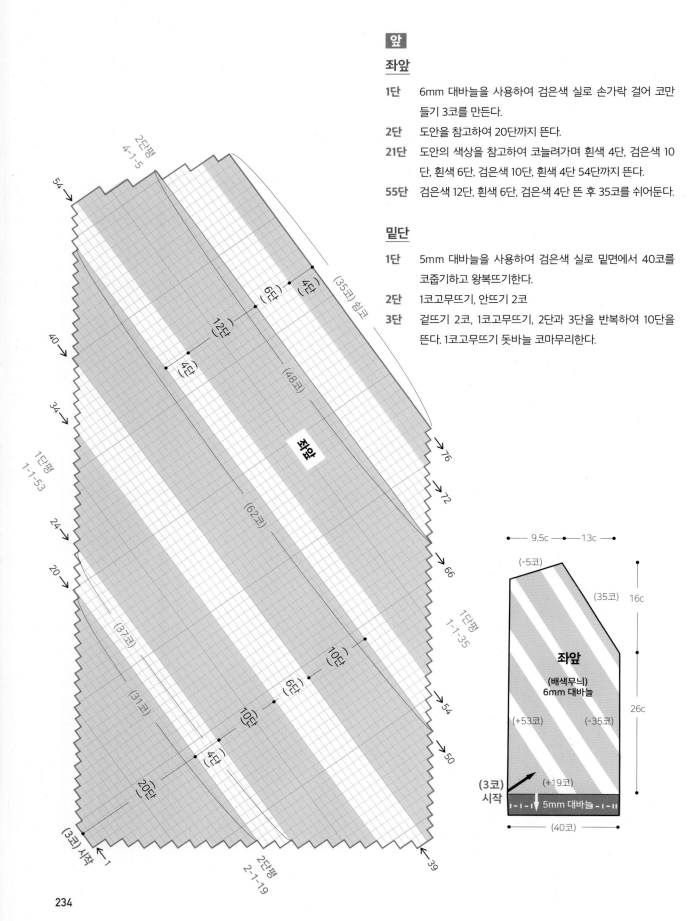

앞

좌앞

1단 6mm 대바늘을 사용하여 검은색 실로 손가락 걸어 코만 들기 3코를 만든다.

2단 도안을 참고하여 20단까지 뜬다.

21단 도안의 색상을 참고하여 코늘려가며 흰색 4단, 검은색 10단, 흰색 6단, 검은색 10단, 흰색 4단 54단까지 뜬다.

55단 검은색 12단, 흰색 6단, 검은색 4단 뜬 후 35코를 쉬어둔다.

밑단

1단 5mm 대바늘을 사용하여 검은색 실로 밑면에서 40코를 코줍기하고 왕복뜨기한다.

2단 1코고무뜨기, 안뜨기 2코

3단 겉뜨기 2코, 1코고무뜨기, 2단과 3단을 반복하여 10단을 뜬다. 1코고무뜨기 돗바늘 코마무리한다.

우앞

1단 6mm 대바늘을 사용하여 검은색 실로 손가락 걸어 3코를 만든다.

2단 안뜨기 2코, 돌려안뜨기 코늘리기, 안뜨기 1코

3단 겉뜨기 1코, 돌려뜨기 코늘리기, 겉뜨기 2코, 돌려뜨기 코늘리기, 겉뜨기 1코, 흰색과 검은색을 배색하며 76단까지 뜬 후 35코를 쉬어둔다.

밑단

1단 5mm 대바늘을 사용하여 검은색 실로 밑면에서 40코를 코줍기하고 왕복뜨기한다.

2단 안뜨기 2코, 1코고무뜨기,

3단 1코고무뜨기, 겉뜨기 2코, 2단과 3단을 반복하여 10단을 뜬다. 1코고무뜨기 돗바늘 코마무리한다.

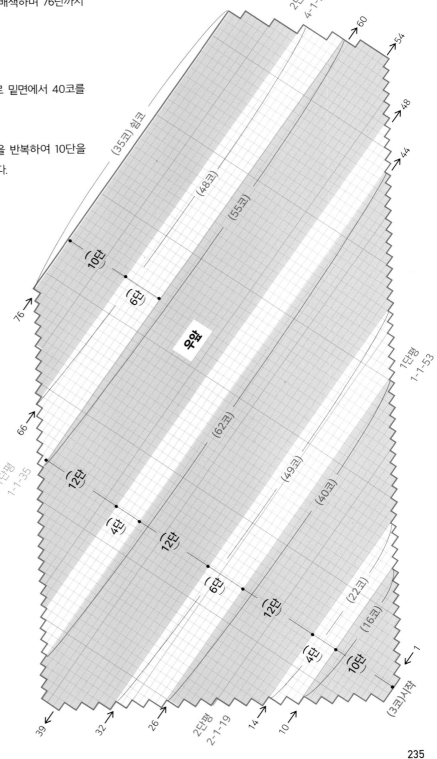

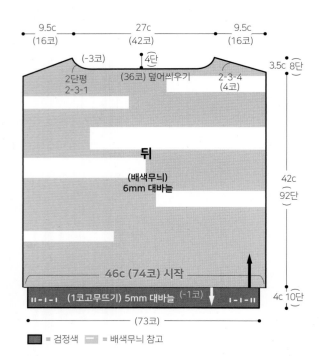

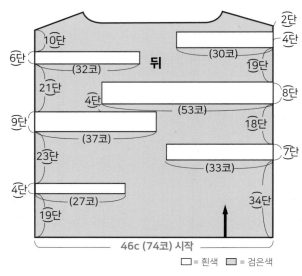

뒤

몸통

1단 6mm 대바늘을 사용하여 검은색 실로 별도사슬 사용 코 만들기 74코를 만든다.

2단 안뜨기 74코, 3단 겉뜨기 74코, 2단과 3단을 반복하여 19 단까지 뜬다.

20단 흰색 실로 바꿔 안뜨기 27코, 세로배색, 검은색 실을 새로 연 결하여 안뜨기 47코 배색무늬를 확인하여 91단까지 뜬다.

92단 안뜨기 70코, 4코 남겨 되돌아뜨기

어깨

1단 바늘비우기, 걸러뜨기, 겉뜨기 65코, 4코 남겨 되돌아뜨기

2단 바늘비우기, 걸러뜨기, 안뜨기 62코. 3코 남겨 되돌아뜨기, 4단까지 증감 기호를 확인하여 뜬다.

목둘레와 어깨(우)

5단 바늘비우기, 걸러뜨기, 겉뜨기 8코, 나머지 55코는 쉬어둔다.

6단 오른2코모아안뜨기, 안뜨기 덮어씌우기 2코, 안뜨기 3코

7단 바늘비우기, 걸러뜨기, 겉뜨기 2코

8단 안뜨기로 단 정리하고 16코는 쉬어둔다.

목둘레와 어깨(좌)

5단 쉬어둔 55코를 바늘에 옮겨 겉뜨기 덮어씌우기 36코, 겉 뜨기 9코, 3코 남겨 되돌아뜨기, 8단까지 증감기호를 참고 하여 뜬다.

9단 겉뜨기로 단 정리하고 16코는 쉬어둔다.

밑단

1단   5mm 대바늘을 사용하여 검은색 실로 별도사슬을 풀어 1코를 줄이며 73코를 코줍기하고 왕복뜨기한다.

2단   안뜨기 2코, 1코고무뜨기, 안뜨기 2코

3단   겉뜨기 2코, 1코고무뜨기, 겉뜨기 2코, 2단과 3단을 반복하여 10단까지 뜬다. 1코고무뜨기 돗바늘 코마무리한다.

마무리

뒤와 앞의 어깨를 코단잇기하고 옆선은 무늬를 맞추어 떠서 꿰매기한다.

목둘레단, 앞단

1단   5mm 대바늘을 사용하여 흰색 실로 앞단 10코, 55코, 38코, 뒷목 47코, 앞단 38코, 55코, 10코, 총 253코 코줍기한다.

2단   안뜨기 2코, 1코고무뜨기 안뜨기 2코

3단   겉뜨기 2코, 1코고무뜨기, 겉뜨기 2코, 2단과 3단을 반복하여 8단까지 뜬다. 1코고무뜨기 돗바늘 코마무리한다. 단추 5개를 등분하여 우앞에 꿰매어 단다.

진동둘레단

1단   5mm 대바늘을 사용하여 흰색 실로 진동둘레에서 66코 코줍기한다.

2단   1코고무뜨기, 8단까지 뜬다. 1코고무뜨기 돗바늘 코마무리한다.

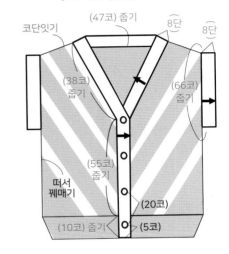

앞단, 진동둘레단 (흰색)
(1코고무뜨기) 5mm 대바늘

테크닉 사전

코단잇기 horizontal to vertical

1. 뜨개바탕을 안면끼리 맞대어 놓는다.

2. 돗바늘을 위 뜨개바탕의 시작코 안에 통과시킨다.

3. 돗바늘을 아래 뜨개바탕의 첫 코 겉방향과 2번째 코 안방향으로 통과시킨다.

4. 돗바늘을 위 뜨개바탕의 1번째 코와 2번째 코 사이의 싱커루프를 통과시킨다.

5. 돗바늘을 아래 뜨개바탕의 2번째 코 겉방향과 3번째 코 안방향으로 통과시킨다. **4~5**를 반복한다.

6. 코단잇기한 모습.

:

Storyboard

작품 스토리

봄날

어느 날, 한 노래가 귀에 밟히기 시작했어요. 담백하지만 깊이도 느껴지네요. 그래서 찾아본 유튜브에서 만난 이들의 뮤직비디오는 많은 비유가 담긴 시와도 같았습니다. 핸드니팅을 하면서 나에게 어떤 영감(Inspiration)을 준 그것을, 솔직한 내 느낌대로, 내 핸드니팅에 담아보고 싶다고 생각했어요.

저는 뮤직비디오의 색감, 이미지, 움직임, 음률, 시어와 같은 표현, 그래서 내 눈 안에 계속 머물던 몇몇 단상이 떠올랐고 그중 몇 가지를 핸드니팅에 담아보았어요.

기찻길은 원근감을 줘서 뮤직비디오의 그 분위기를 살려보고 싶었으며, 파도는 움직이며 속삭이고 저 멀리 그리움도, 기다림도 함께 함을 이야기해 주었어요. 클라이맥스의 신발은 그야말로 신발 그 자체를 선명하게 나타내주고 싶었고, 한 그루 나무는 '한 그루'라는 외로움보다는 오히려 그 단단함을 드러내 주고 싶었습니다. 봄날의 허밍과 함께, 핸드니팅 손동작은 리듬에 맞춰 움직입니다. 그래서 결국 그 음악과 함께 눈에 오래 머무는 이미지를 핸드니팅으로 만들게 되었습니다.

그렇게 눈에, 귀에 머물던 BTS를 내 옷에 담아 보았어요.

봄비
봄날의 따뜻한 빗방울

슈즈크로키
실로 그리는 그림

아가일
봄날의 '그'를 그리며

파도의 노래
실의 색을 만들어

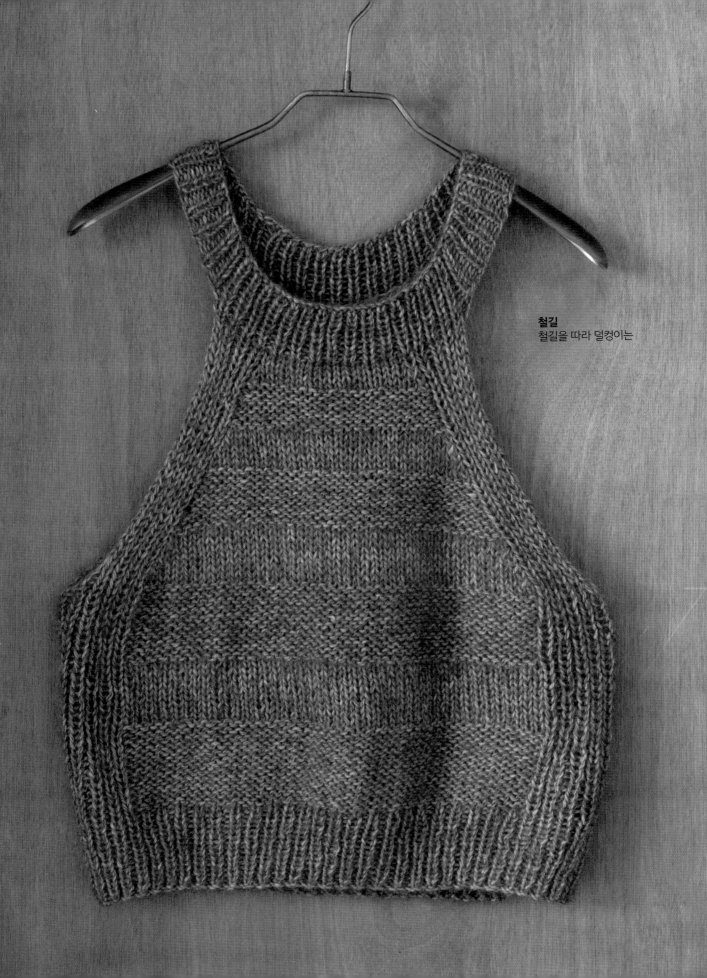

Foreign Copyright:
Joonwon Lee   Mobile: 82-10-4624-6629
Address: 3F, 127, Yanghwa-ro, Mapo-gu, Seoul, Republic of Korea
              3rd Floor
Telephone: 82-2-3142-4151
E-mail: jwlee@cyber.co.kr

니팅 완전정복 클래스
Level UP! 대바늘뜨기 베스트

2025. 1. 15. 1판 1쇄 인쇄
2025. 1. 22. 1판 1쇄 발행

지은이 | 지인보그스쿨
펴낸이 | 이종춘
펴낸곳 | BM ㈜도서출판 **성안당**
주소 | 04032 서울시 마포구 양화로 127 첨단빌딩 3층(출판기획 R&D 센터)
     | 10881 경기도 파주시 문발로 112 파주 출판 문화도시(제작 및 물류)
전화 | 02) 3142-0036
     | 031) 950-6300
팩스 | 031) 955-0510
등록 | 1973. 2. 1. 제406-2005-000046호
출판사 홈페이지 | www.cyber.co.kr
ISBN | 978-89-315-8352-6 (13630)
정가 | **32,000원**

이 책을 만든 사람들
책임 | 최옥현
진행 · 편집 | 정지현
표지 · 본문 디자인 | 상:想 company
홍보 | 김계향, 임진성, 김주승, 최정민
국제부 | 이선민, 조혜란
마케팅 | 구본철, 차정욱, 오영일, 나진호, 강호묵
마케팅 지원 | 장상범
제작 | 김유석

■ 도서 A/S 안내

성안당에서 발행하는 모든 도서는 저자와 출판사, 그리고 독자가 함께 만들어 나갑니다.
좋은 책을 펴내기 위해 많은 노력을 기울이고 있습니다. 혹시라도 내용상의 오류나 오탈자 등이
발견되면 **"좋은 책은 나라의 보배"**로서 우리 모두가 함께 만들어 간다는 마음으로 연락주시기
바랍니다. 수정 보완하여 더 나은 책이 되도록 최선을 다하겠습니다.
성안당은 늘 독자 여러분들의 소중한 의견을 기다리고 있습니다. 좋은 의견을 보내주시는 분께는
성안당 쇼핑몰의 포인트(3,000포인트)를 적립해 드립니다.

잘못 만들어진 책이나 부록 등이 파손된 경우에는 교환해 드립니다.

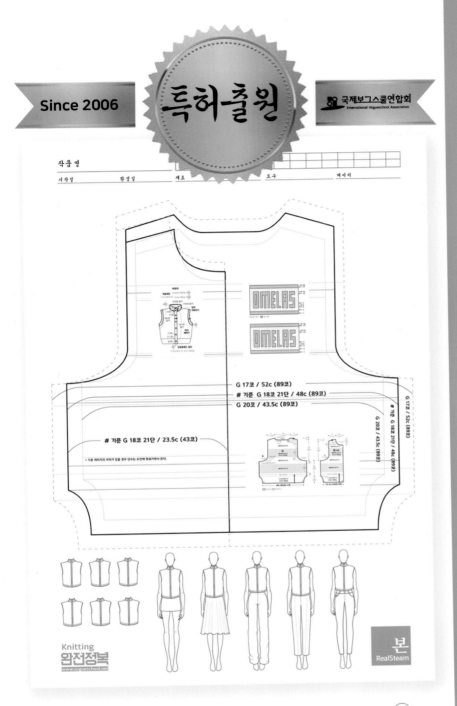

Real Steam본 이란?

핸드니팅 전용 실제 사이즈의 도안. 뜨개바탕 사이즈가 맞게 진행되는지 대조해 가며 뜨고 완성 후에는 아웃라인에 시침핀을 고정하여 스팀하는 니팅용품.

1. 실제 크기의 도안이 기재되어 있으며 뜨기를 하면서 완성사이즈 및 게이지의 변화를 확인할 수 있습니다.

2. 사이즈를 몸에 대어 확인하지 않아도 뜨기 도중 뜨개바탕의 치수가 바르게 진행되고 있는지 확인 할 수 있습니다.

3. 도안의 전개도, 완성도가 있습니다.

4. QR코드를 스캔하면 뜨는 방법을 영상으로 확인 할 수 있습니다.

5. 뜨기를 시작하기 전 소재, 무늬, 색상 등을 변형해 보는 스타일화와 도식화가 첨부되어 있습니다.

사 용 방 법

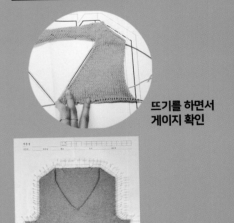

뜨기를 하면서 게이지 확인

S M L 사이즈 확인

완성에 완성을 더하는 스티밍

20년 노하우 압축!! 핸드니팅 실무 전문가 발명!!

핸드니팅의 즐거움과 혁신의 조합!

리얼스팀본

Level up!!
QR코드찍고 구독!!
다양한 이벤트가 가득합니다.

YouTube